Thilo Mischke

Húh!
Die Isländer, die Elfen und ich

Thilo Mischke

Húh!

Die Isländer, die Elfen und ich

Unterwegs in einem
sagenhaften Land

ullstein extra

Ullstein extra ist ein Verlag der Ullstein Buchverlage GmbH
www.ullstein-extra.de

2. Auflage 2017

ISBN 978-3-86493-052-2

© Ullstein Buchverlage GmbH, Berlin 2017
Alle Rechte vorbehalten
Redaktionelle Mitarbeit: Thekla Bartels, Imke Rösing
Illustrationen: © Fania Jacob
Bilder im Innenteil, wenn nicht anders
gekennzeichnet: © Thilo Mischke
Zeichnungen S. 229: © Hugleikur Dagsson
Satz: LVD GmbH, Berlin
Druck und Bindearbeiten: CPI – Clausen & Bosse, Leck
Printed in Germany

Für Axel Mischke. Vater, Islandexperte und
Besitzer eines Geologenhammers

Inhalt

Húh!	9
Reykjavík – Sitzen, starren, starken Kaffee trinken	17
Der Süden – Lila zwischen Schwarz und Grau	25
Gullni hringurinn – The Golden Circle	35
Der Westen – Sehnsuchtsort am Ende der Welt	45
Wetter – Ganz egal, falsch angezogen ist man immer	53
Schafskopf, Pylsa und zähe Haie – Was schmeckt schon gut in Island?	63
Moose und Flechten – Ein Teppich für Island	73
Bier, Schnaps und Wein – Das lass hier lieber sein	79
Autofahren – Wo, wenn nicht hier?	85
Sigur Rós, TKKG oder H. P. Lovecraft – Meine Island-Playlist	93
Whale Searching – Der große Touri-Nepp	101
10 Dinge, die echt peinlich sind	109
Alter, wie reist du denn?	117
Frühling, Sommer, Herbst und Winter – Island geht immer	127
Der Norden – Mächtig, gnadenlos und leer	135
Doppelstockbett, Zelt oder Luxussuite – Übernachten in Island	141

Was glimmt denn da? – Polarlichter am Horizont	149
Hot Pots – Auf der Suche nach den heißen Quellen	157
Skyr – Alles nur Quark	163
Isländische Erzählungen, Part 1 – Als Gott zu Besuch kam	169
The Hidden People – Das Huldufólk	177
Isländische Erzählungen, Part 2 – Wie das Moos entstand	183
Isländische Erzählungen, Part 3 – Die Eyrbyggja Saga	195
Sex mit Elfen	205
Guns N' Gooses – Vom friedlichsten Land der Welt	211
Iceland Airwaves – Tanzen, frieren, fühlen	217
Isländischer Humor = Hugleikur Dagsson	223
10 Dinge, die ich an Island liebe	231
Die *Edda* – facts and figures	239
Ich mag die Islandpferde, sie sind kompakt	245
Voll, voller, völlig voll – Touristen-Overload	251
Jökull, Eldfjall und viel heiße Luft	257
Von Butterblumen, Birken und Wölfen – Die Namensfrage	263
Island, deine Clubs – Wenn schon Verein, dann richtig	267
Zwei Jahre Island – Wie ich versuchte, mich in die isländische Gesellschaft einzuschlafen	271
Balzen in Island – Das Pullover-Mädchen und ich	279
Sport – Warum der Kalte Krieg in Island entschieden wurde	287
Der Stein und die Leere	293

HÚH!

Im Sommer 2016 gehe ich viel spazieren, viel mehr als sonst. Die Berliner Straßen sind leer, die Stadt gehört mir. Ich nehme seltener die U-Bahn und laufe stattdessen vorbei an jubelnden Fans, die in Cafés und Kneipen oder auf öffentlichen Plätzen sitzen. Es ist Europameisterschaft und Deutschland immer noch benebelt vom Erfolg in Brasilien. Weltmeister und Europameister. Alles scheint möglich.

Ein schöner Sommer ist das, dankbar. Schlafen mit geöffneten Fenstern, das Licht im Zimmer der Wohnung und der Duft von blühenden Pflanzen. Wirklich gut. Und ich habe so viel Freizeit, keine Verabredungen, kein Freibad, keinen Geschäftsquatsch. Wenn Fußball ist, dann fühlt sich dieses Land so wie die Tage zwischen Weihnachten und Neujahr an. Erfrischend lahm. Nichts passiert. Außer Fußball.

Ich allerdings mag dieses Spiel nicht, konnte es noch nie leiden. Was die Menschen dabei finden, anderen Menschen dabei zuzusehen, wie sie einem Ball hinterherrennen, habe ich nie verstanden. Klar, Teamgeist, Gemeinschaft und Wettbewerb. Hat mich nur nie interessiert.

Aus sozialer Verpflichtung heraus habe ich allerdings oft versucht, mich einzufinden. Ich habe die Regeln gelernt, habe mir die richtigen Fragen zurechtgelegt. Bin mit ins Stadion, habe dumme Lieder gegrölt, habe ein Trikot angezogen und wollte Fan sein. Am Ende saß ich mit dem Handy auf dem Schoß da und habe »Angry Birds« gespielt. Entweder kann ich mich einfach nicht lang genug konzentrieren, um meinen Blick neunzig Minuten auf ein grünes Rechteck zu richten, oder dieser Sport gefällt mir einfach nicht. Bis zu diesem Sommer 2016.

Die Europameisterschaft lockt die Menschen fort, und ich höre das Feuerwerk, wenn ein Tor gefallen ist, sehe die fröhlichen Gesichter der Menschen, wenn Spiele gewonnen sind. Sehe die traurigen Schnuten derer, die auf die falsche Mannschaft gesetzt haben. Und dann passiert etwas Seltsames.

»Thilo, kommst du mit EM gucken?«, fragt mich mein Fußballfreund Adri.

»Was soll ich denn da? Wir haben das doch schon oft genug probiert«, entgegne ich genervt.

»Island spielt«, meint Adri. Er weiß, dass ich dieses Land schon oft bereist habe und sehr liebe. Er ködert mich.

»Island? Mein Island spielt Fußball?« Bis zu diesem Zeitpunkt ging ich davon aus, dass da gar nicht genug Menschen leben, um eine Nationalmannschaft zu stellen. Ich hatte das Gefühl, es gibt nicht einmal genug gerade Flächen in Island, Bälle würden immer herunterrollen, bis sie von der Kante dieses Landes ins Meer fallen. Island und Fußball gehörten für mich einfach nicht zusammen.

»Mein Lieblingsland spielt Fußball?«, frage ich.

»Sei nicht so arrogant und komm vorbei«, antwortet Adri. Das habe ich auch gemacht.

Ich liebe Island – nicht abstrakt, im Sinne des Wortes. Eine Frau, die hier in Berlin lebt, möchte gerne jene Mauer heiraten, die einst die Stadt geteilt hat. Es gibt den Typen, der in einen Zug verliebt ist, und ich glaube auch noch eine Frau, die feste Partnerschaften mit Flugzeugen führt. Und wäre Island eine Frau, wir wären zusammen. Wir wären sogar ein Superpaar, das ständig Händchen haltend in Multifunktionsjacken und mit feuchten Nasen frierend vor Clubs stünde. Doch dazu später mehr.

Zehn Jahre vor der Europameisterschaft, während der die

Welt lernt, Island zu lieben, war ich zum ersten Mal in diesem Land. Als Fan von Jules Verne – wie oft reiste ich durch seine Bücher in achtzig Tagen um die Welt und zum Mittelpunkt der Erde – hatte ich mich schon lange mit dieser Insel beschäftigt. Warum es dann aber dauerte, bis ich fünfundzwanzig wurde, hatte einen einfachen Grund. Denselben Grund, warum Island ungefähr ein Jahrhundert lang vom globalen Tourismus verschont blieb. Island war, meiner persönlichen Statistik nach, das Land, in das alle fahren wollten, aber eigentlich niemand fuhr.

Ich war auch einer von denen, die immer gesagt haben: »Mensch, nach Island, da muss ich unbedingt mal hin.« Gefahren bin ich dann aber nie. Zu kalt, zu teuer, zu einsam. Dann lieber Sonne und Meer. Nach den großen Sommerferien ging zwar das Überlegen los: Wo geht es als Nächstes hin? Und dann fiel immer genau dieser Satz, im Ton der Feststellung ganz ähnlich, dass es ja mal wieder an der Zeit wäre, ins Fitnessstudio zu gehen.

Das ist heute anders. Heute haben alle Mitgliedskarten von Fitnessstudios und fahren wirklich nach Island. Aber was begeistert uns am Ende der Welt? Was fasziniert uns am ewigen Herbst dieses Landes und an der Abwesenheit von Leben? Warum wollen wir alle in dieses Land?

Weil Island ein Gefühl auslöst, weil es ein Gefühl ist. Sogar für die Menschen, die noch nie dort waren. Machen Sie den Test. Jetzt. Stellen Sie sich doch einfach mal Island vor. Was sehen Sie, wenn Sie die Augen schließen?

Sie sehen kleine Pferde, mit etwas doofen Gesichtern und stummeligen Beinen. Vielleicht sehen Sie auch Berge, schneebedeckt und schön. Davor kleine Städte mit roten Häusern und Menschen in Pullovern, die aussehen, als würden sie fürchterlich kratzen. Also die Pullover. Vielleicht sehen Sie blonde Haare, Frauen mit kräftigen Beinen und einem Krimi unter dem Arm. Männer, die Frisuren tragen, als wäre immer

Winter. Platt und mit praktischen Zöpfen versehen. Sie stellen sich Island als ein schönes Land vor. Als eines, das Sie schon immer mal besuchen wollten.

Wieder 2016. Ich sitze in diesem Café und beiße auf meiner Unterlippe herum, als Island gegen Österreich spielt. Das erste Spiel der Europameisterschaft, das ich sehe. Und ich bin gespannt und tripple mit den Füßen, wenn der Stürmer Kolbeinn Sigþórsson aufs Tor stürmt und Tore macht. 2:1 gewinnen sie, und niemand hat damit gerechnet. Ich erkenne Verwunderung in den Gesichtern der Menschen um mich herum und freue mich sehr – für Island. Für dieses Land, dessen Bevölkerung nur 335 000 Einwohner zählt, dieses Land, das gerade mal so groß ist wie die ehemalige DDR. Für dieses wunderbare Land, in dem im Sommer die Sonne nicht unter- und im Winter nicht aufgehen will.

Island spielt gegen England. Ich kann mich kaum auf dem Stuhl halten. Ich springe auf, als Sigþórsson wieder punktet. »Gegen England! Gewonnen!«, rufe ich meinen Freunden zu. Und sie blicken mich erstaunt an. Sie fragen sich: Was ist das für ein Land, das einen Fußballhasser zu einem Fan macht? Ein richtiger Fan.

Ich überlege dann sogar, mir Blau-Rot-Weiß auf die Wange zu malen. Das geht mir dann doch zu weit, aber selbst ich weiß, dass ein Sieg gegen England sensationell ist.

Und nicht nur mich betrifft diese Begeisterung. Der Sportkommentator Guðmundur Benediktsson gerät so in Ekstase, dass sein Video von der Fußballsensation zum viralen Hit wird. Die Hauptnachrichten in Island werden im Trikot moderiert, das Land steht still für sein Team. Und Europa blickt auf die kleine Insel im Norden. Beobachtet ein Land, das sich zu den Spielen vor Leinwänden versammelt, in Reykjavík. Menschen, die mit Jacke und Schal, mitten im Sommer, zusehen, wie IHRE Mannschaft den europäischen Fußball aufmischt.

Der Underdog gegen einen Meisterspieler. Eine Mannschaft, deren Torwart ein Burnout hatte, der eigentlich Regisseur ist. Männer, die wie Olympioniken auch noch »echte« Jobs ausüben und gegen eine Mannschaft voller Millionäre spielen. Sie gewinnen, und Island ist in aller Munde.

Alle lieben Island, alle wollen nach Island. Alle sind für Island. Und diesmal meinen die Menschen es ernst. Auf Facebook trudeln Nachrichten in meinem Postfach ein. Viele wissen von meiner Liebe zu diesem Land. Sie fragen mich nach dem Wetter, wann sie fahren sollen, wo man schlafen kann.

Die Webseiten der großen Airlines WOW und Iceland Air brechen zusammen. Die Menschen buchen Tickets, wollen das Land sehen, das geschlossen hinter seinem Team steht. Auch als Island gegen Frankreich verliert. Die Begeisterung für dieses winzige Land bleibt, wächst sogar noch.

Das liegt aber nicht nur am Fußball, sondern auch an den Fans. Ein Zehntel der isländischen Bevölkerung ist nach Frankreich gereist und macht Lärm in den Stadien. Das HÚH! geht um die Welt und erklingt in jedem Stadion. Als wir im Fernsehen die Aufnahmen aus Reykjavík sehen, ist der gesamte Polarkreis beim Public Viewing. Wir sind begeistert. Auch ich. Da sind Menschen stolz auf ihr Land, ohne dass es peinlich ist. Eine Meisterleistung.

In den letzten zehn Jahren habe ich Island bestimmt zwanzigmal besucht, nie länger als vierzehn Tage, aber nie weniger als sieben. Manchmal fahre ich einmal im Jahr, manchmal fahre ich dreimal. Es ist magisch, es zieht mich an wie kein anderes Land in der Welt. Und meine Wünsche, die Gründe, warum ich fahre, sind bescheiden. Es sind nicht die mittelmäßigen Hotels, es sind nicht die unangenehmen Wetterumschwünge, die ewig kalten Füße. Es sind nicht die schlechtgelaunten Menschen. Und auch nicht die seltsamen Tiere oder die kaputte Landschaft. Ich selbst bin der Auslöser und wie ich mich in Island fühle. Deswegen fahre ich. Island ist ein besonderes

Land, eines, das es so nicht noch mal auf der Welt gibt. Wenn ich nach Mallorca fahre, weiß ich, auf anderen Mittelmeerinseln fühlt es sich ähnlich an. In Afrika sind viele Länder vergleichbar, Nordamerika: alles eins. Selbst in Asien, mit Ausnahme Japan, ist vieles gleich. Island aber ist unvergleichlich. Und deswegen komme ich. Immer wieder. Da ist etwas zwischen uns, das einmalig ist.

Vielleicht können Sie meine Begeisterung für Absurdes, für das Essen und die Einsamkeit nachvollziehen, vielleicht wollen Sie einfach nur wissen, wo die heißen Quellen sind, die nicht bis zum Rand mit Touristen gefüllt sind und wo Sie sich in Ruhe nackt in schwefeliges Wasser setzen können. Vielleicht haben Sie Kummer oder gerade Geld über. Nachdem Sie dieses Buch gelesen haben, wissen Sie auf jeden Fall mehr über Island – und mich.

Es gibt keinen besseren Ort. Fahren Sie nach Island. Fahren Sie jetzt.

Isländisch hat drei zusätzliche Buchstaben.
æ = gleicht einem Ei
þ = ist ein scharfes englisches Th, so wie in »thinking«
ð = irgendwo zwischen einem D und einem weichen englischen th, so wie in »this«
Des Weiteren: ll = tl//u = ü//ú = u//á = au//hv = kv
Wer zudem die erste Silbe überbetont, wird gut verstanden.

REYKJAVÍK – SITZEN, STARREN, STARKEN KAFFEE TRINKEN

Für die meisten Menschen beginnt der Besuch Islands in Reykjavík. Zumindest für diejenigen, die mit dem Flugzeug kommen. Diese Stadt hat sich im Westen der Insel eingenistet, die Spitze des mächtigen Vulkans Snæfellsjökull ist sichtbar, bei gutem Wetter. Wenige Bäume stehen vor praktischen Häusern, es gibt eine Kirche in der Stadtmitte, seltsam futuristisch. Es gibt eine Oper, modern und glitzernd, mit einer spiegelnden Oberfläche, die das viele Licht im Sommer über die Stadt verteilt und das wenige im Winter vermehrt. Sie ist der Hamburger Elbphilharmonie nicht unähnlich, auch in ihrer komplizierten Entstehungsgeschichte. Es gibt eine Einkaufsstraße und genau eine belebte Kreuzung. In Deutschland wäre Reykjavík eine mittelmäßige Stadt. Hier oben im Norden ist sie eine Hauptstadt.

Reykjavík ist trotzdem ein ungewöhnlicher Ort, eine ungewöhnliche Stadt: Sie ist die nördlichste der Welt. Schön ist sie nicht. Sie hat keine tausend Brücken, nur wenige alte Häuser, keine Luxusgeschäfte, keine U-Bahn, keine Fernsehtürme, aber diesen Superlativ kann ihr keiner absprechen.

Ist man ehrlich mit Reykjavík, ist sie eine ziemlich traurige Stadt. Zwar wird es im Sommer hier nie dunkel und selbst im Winter leuchten die Nächte hell, aber sie ist nicht gemütlich und bleibt ein Kaff.

Die meisten stellen sich Reykjavík vermutlich als ein hutzeliges Dorf vor, mit rauchenden Schornsteinen und beschlagenen Fensterscheiben. Solche Fensterscheiben findet man hier tatsächlich, es gibt sie in den Vororten, die an sowjetische

Siedlungen der Siebziger erinnern: Offizierskasernen, ohne Schnörkel, gesichtslose Fünf-Stöcker, Nutzarchitektur, mit Spritzputzfassaden. Reykjavík schön zu finden erfordert Mühe, und wer hier keine Freunde hat, wird die Stadt schnell verlassen wollen.

Drei Tage planen viele Besucher ein, um Reykjavík zu erobern, aber stellen Sie sich vor, Sie wollen drei Tage auf dem Alexanderplatz in Berlin verbringen. Stellen Sie sich vor, Sie müssten auf diesem windigen Platz bleiben und dürften nur die Würste vom Grillwalker essen. Grausam. Das wird schnell langweilig und ist auch völlig unnötig. Wenn Sie das erste Mal Island besuchen, machen Sie schnell einen Haken hinter Reykjavík und fahren ins Schöne, ins Land.

Doch es gibt auch einen Grund, sich mit dieser Stadt gutzustellen, denn Reykjavík funktioniert nach mehreren Besuchen, nicht nach dem ersten. Wenn Sie im Sommer kommen, zum ersten Mal, und die lichtdichten Jalousien herunterziehen, dann ist es faszinierend. Wenn Sie nach Ihrem Flug die erste Dusche nehmen und das Gefühl haben, Sie würden sich mit alten Eiern waschen. Einmalig. Aber das nutzt sich schnell ab. Kommen Sie öfter, dann beginnen Sie, Reykjavík zu verstehen.

Kommen Sie als Tourist, bleiben Sie als jemand, der versucht, ein Local zu sein. Wenn Sie zum wiederholten Mal die Insel besuchen, dann suchen Sie sich Orte in dieser Stadt, kleine Plätze, die gerade nichts Besonderes sind. Sitzen, starren, starken Kaffee trinken, im Internet surfen, nirgendwo auf der Welt geht das besser. Kein Land liebt Kaffee und Internet so sehr wie Island, und mehr sollten Sie in Reykjavík nicht unternehmen.

Kommen Sie im Winter, dann riecht es in der Stadt nach verfaulten Eiern, weil die Straßen mit vulkanischem Heißwasser, tief aus der Erde, eisfrei gehalten werden. Eine Fußbodenheizung für die Gehwege. Wirklich. Die Hände tief in den Taschen, spazieren Sie mit eisigen Oberschenkeln von Restaurant zu Restaurant. Das fehlende Licht macht Ihre Augen müde. Im Sommer riecht es nach Herbst an der Ostsee. Die kalte Luft drückt sich vom Atlantik in die Straßen. Riechen Sie, laufen Sie. Und sehen Sie sich die Bewohner an.

Obwohl in Reykjavík nur knapp hundertfünfundzwanzigtausend Menschen leben, also so viele wie in Paderborn, benehmen sie sich wie New Yorker. Oder Berliner. Sie sind schlecht gelaunt, unfreundlich und, besonders Fremden gegenüber, sehr arrogant. Man wird Sie ignorieren. In Clubs wird man nicht mit Ihnen sprechen, weil Sie wie ein Trottel mit Multifunktionsjacke an der Bar stehen. Doch genau das ist zauberhaft. Reykjavík weigert sich, ein Touristenzentrum zu werden, und das liegt an den Einwohnern. Das Leben hier existiert nicht für die Touristen, obwohl die Tourismuszahlen jedes Jahr zweistellig wachsen. Selbst die Haupteinkaufsstraße Laugavegur, in der sich inzwischen fast ausschließlich Boutiquen und Souvenirläden befinden, wird nachts zum Treffpunkt der Reykjavíker Jugend und ist Austragungsort einer der wichtigsten isländischen Tätigkeiten: im Auto sitzen, rauchen, die Laugavegur im Schritttempo herunterfahren, während laute Musik aus dem Radio kommt.

Es gibt Stau auf der einspurigen Hauptstraße, wenn es dunkel ist. Das Klackern der Reifen mit Spikes wird hörbar, die Autos quälen sich über die Straße. Immer im Kreis, vorbei an den Clubs und Bars, die sich ebenso entlang der Laugavegur befinden.

Gehen Sie zur Laugavegur am Freitagabend, beobachten Sie die Jugend. Gehen Sie ins Kaffibarinn und tanzen Sie (was wirklich empfehlenswert ist). Trinken Sie Lakritzschnaps (Ópal), und am Sonntag müssen Sie den Trödelmarkt am Hafen besichtigen. Der echte Reiz dieser Stadt erschließt sich, wenn Sie einen normalen Tag erleben. Tun Sie so, als wären

Sie ein Isländer. Das ist die eigentliche Sehenswürdigkeit, sich einzufügen in dieses seltsam langsame Leben.

Stehen Sie auf, duschen Sie mit schwefeligem Wasser, ziehen Sie sich warm an und gehen Sie ins Kaffibrennslan, einen kleinen, teuren Coffeeshop. Essen Sie Croissants, trinken Sie Kaffee, der in ganz Island zum Grundnahrungsmittel gehört. Trinken Sie, bis Sie schwitzen und Ihre Lider zittern. Und dann: Lesen Sie. Bringen Sie sich viele Bücher mit. Isländer lesen so viel. Es gibt nichts zu tun.

Bleiben Sie sitzen, ruhen Sie sich aus und sehen Sie aus dem Fenster. Beobachten Sie die anderen, trotteligen Touristen, suchen Sie in ihren Blicken die Sehnsucht nach einer wahren Sehenswürdigkeit in dieser Stadt: »Irgendwas muss doch hier sein. Ein Zoo. Es kann doch nicht nur Schmuckläden und Menschen hier geben?« Seien Sie schlauer. Hier gibt es nicht mehr.

Wenn es irgendwann achtzehn Uhr ist, stehen Sie auf, gehen zurück ins Hotel, holen Ihre Schwimmsachen und spazieren ins Schwimmbad. Naschen Sie Lakritze mit Schokoladenüberzug dabei. Nur die Badehose und ein Handtuch mitnehmen, den Rest bekommen Sie in der Schwimmhalle. Laufen Sie die Laugavegur einfach weiter, stadtauswärts. Der Name der Straße lautet übersetzt »Waschweg«, er zeigt die Richtung zu den heißen Quellen, zum Saubermachen.

Gucken Sie gelangweilt, reden Sie mit niemandem, fragen Sie nicht nach dem Weg. Ziehen Sie Ihre Jacke über die Ohren, am besten, Sie hören Musik. Betreten Sie die Sundhöll Reykjavíkur, die Schwimmhalle im Stadtzentrum, ziehen Sie sich aus, duschen Sie nackt, vor den anderen, ohne mit der Wimper zu zucken, und gehen Sie schwimmen. Dann kommt das Beste.

Am Abend treffen sich die Reykjavíker in ihren Schwimmbädern – das Wasser ist angenehm heiß, weil es ja kochend aus der Erde kommt – und quackeln. Sie sitzen, draußen in kleinen runden Pools. Setzen Sie sich dazu und hören Sie zu. Das reicht. Mehr müssen Sie nicht tun, um für einen kurzen Moment Reykjavík zu spüren.

Nichts ist dem Isländer heiliger als der Hot Pot. Selbst das kleinste Dorf hat ein Schwimmbad mit überdimensionalen Badewannen in verschiedenen Temperaturen. Das Ritual ist immer gleich. Die Schuhe werden direkt am Eingang ausgezogen, und auf Socken begibt man sich in die geschlechtergetrennte Gemeinschaftskabine. Dort zieht sich jeder nackt aus, Handtuch und Badesachen werden über die Schulter gelegt. An den Duschen gibt es Ablegefächer für Shampoo, Handtuch etc. Es wird sich OHNE! Badesachen geduscht und gründlich gewaschen. Dann geht es raus in die Kälte, denn neunzig Prozent der isländischen Schwimmbäder sind Freibäder. Die Kinder werden nach einem Poolbesuch direkt in ihre Schlafanzüge gesteckt und schlafen schon auf dem Heimweg im Auto ein.
Im Schwimmbad legen die sonst so scheuen Isländer nicht nur ihre Klamotten, sondern auch ihre Scham ab. Menschen jeden Alters und mit jeder Figur plaudern nackt in der Dusche miteinander und halten einander die Babys. Kollegen gehen gemeinsam in der Mittagspause schwimmen. Das Ritual hält die Winterdepression ab und ist das beste soziale Klebemittel.

DER SÜDEN – LILA ZWISCHEN SCHWARZ UND GRAU

Lupinenfelder, so weit das Auge reicht. Lupinen, das sind bizarre Pflanzen, die sich wie Unkraut über Flächen so weit wie ein Bundesland ausbreiten. Ihre kleinen Samen klammern sich ängstlich an die langen Stängel. Dem Fingerhut nicht unähnlich, wachsen sie in Island überall. In den Sommermonaten färben sie besonders den Süden violett, lassen ihn schimmern und Island blühen. Ein seltener Anblick, ein herausragendes Bild und so ungewöhnlich. Nach stundenlangen Fahrten vorbei an schwarzen Stränden und vom Wind gekämmten Wiesen, nach schmerzhaft schönen Blicken in eine baumlose Landschaft – keine Büsche, nur Übergänge vom Grün der Gräser ins Braungraue der Berge – ist da plötzlich das Violett dieser Blumen. Touristen atmen auf, ein Traum fürs Auge. Endlich Abwechslung. Endlich etwas anderes als das buschige Grün des Mooses und das Schwarz des Gerölls.

Die Isländer sehen das anders.

Spricht man mit Isländern über ausländische Invasoren, neigen sie zu unangenehmem Rassismus. Chinesen, die das Land kaufen wollen, polnische Gastarbeiter, die Drogen und Prostitution bringen, oder Grönländer, die Frauen ermorden. Isländer wollen sie alle wieder loswerden. Weisen aus, verweisen des Landes und berufen sich auf ihren Nationalstolz und die schlechten, fremden Einflüsse. Doch richtig schlimm wird es, wenn es um die Lupinen geht.

1945 wurde in Island entschieden: Wir müssen etwas gegen die Erosion unternehmen. Staubstürme bedrohten die kleinen Siedlungen wie Vík, besonders im Süden. Erdrutsche begruben ganze isländische Familien, die sich auf dem Weg in die Hauptstadt befanden, unter sich. Das Land war trocken und marode und die Böden ohne Nährstoffe. Die Landwirtschaft sollte florieren, und dafür brauchte man Pflanzen. Die Isländer haben nicht viel, aber sie haben Platz. Blumen sollten die Insel retten, besonders die Alaska-Lupine. Sie wächst schnell, ist beständig und widersetzt sich auch dem hartnäckigen Klima Islands. Und es funktionierte.

Die Erosion wurde aufgehalten, Staubstürme sind seltener geworden, aber ganz Island färbt sich jetzt violett. Dieses zauberhafte Motiv für die heimische Diashow ist eine echte Bedrohung für die Ureinwohner Islands. Diejenigen, die schon vor Elfen, Trollen und Menschen da waren: äußerst sensible Moose und Flechten.

»Rupf sie raus, die Dreckslupine, wenn du sie siehst. Bitte mit Wurzel«, kann man Isländer schon mal sagen hören. So sprechen sie über ausländische Invasoren. Tatsächlich lässt sich beobachten, wie Isländer bei Pinkelpausen entlang der Route 1 die Pflanzen aus dem Boden reißen. Das ist keine Folge von passiv-aggressiver Gewalt, sondern eine Form von Nationalstolz. Selbst Touristen werden dazu angehalten, keine Rücksicht zu nehmen. Wer sich also für sein Hotelzimmer einen Lupinenstrauß zusammenstellen will, nur zu. Und ich kann das nur empfehlen, die meisten Hotels der »Normal-Bürger«-Klasse sind recht schlicht. Rupfen Sie, niemand wird schimpfen.

Der Süden beginnt eigentlich direkt hinter Reykjavík. Wer über die mehrspurige Autobahn die Stadt verlässt, fährt über ein Plateau von herausragender Schönheit. Seit Jahren fahre ich immer wieder hier lang. Auch wenn ich nur kurz in Island bin.

Mit großer Sicherheit werden Sie sich bei der großen blumenförmigen Autobahnkreuzung verfahren, aber das gehört dazu. Ich glaube übrigens, dieses Autobahnkreuz, das sich neben dem Stadtflughafen befindet, ist die einzige Autobahnkreuzung in diesem Land. Ich fahre dort immer viel im Kreis. Weil ich nie die richtige Ausfahrt treffe. Irgendwann werden Sie es aber schaffen und lassen Reykjavík hinter sich.

Auf dem Weg steht rechts ein kaputtes Auto, das vor den gefährlichen Straßen Islands warnen soll. Die Leere, die Schönheit, die eisige Luft außerhalb des Autos, die aufgedrehten Heizungen in den Wagen, all das macht müde und lässt die Fahrer unaufmerksam werden. Nicht ohne Grund sind auf Island nur maximal 90 km/h erlaubt.

Die Menschen hier fahren auch betrunken. Wer in Dörfern wie Hveragerði wohnt, kennt sowieso jeden. Die Straßen sind lang und ereignislos. Das Fernsehprogramm besteht nur aus zwei Sendern und alle DVDs sind irgendwann geguckt. Da hilft nur noch, betrunken spazieren zu fahren. Sie sollten sich also nicht nur auf Elfen und Trolle einstellen, auf glitschige Straßen, die in einem Graben oder Fluss enden, sondern eben auch auf betrunkene Isländer, die auf der falschen Seite der Straße fahren, mit heruntergekurbelten Fenstern, einer Zigarette im Mundwinkel und seltsamer Musik aus dem Radio.

Das Plateau, das durch bemoosten Tuffstein führt, ist ein Ort, an dem das Wetter verrücktspielt. Selbst im Sommer kann es hier schneien. Regen, Sonne, Nebel, Sturm, alles ist möglich und kommt vor, innerhalb kürzester Zeit. Im Hintergrund dieses Plateaus ziehen Dampfsäulen in den Himmel. Wenn man möchte, kann man von der Straße abbiegen, um diese dampfenden Löcher zu finden. Blubbernde Schlunde, die Menschen verschlingen und nie wieder ausspucken. Es ist ein unwirklicher Ort, gerade mal fünfzehn Minuten vom Stadtzentrum Reykjavíks entfernt.

Kurz vor dem Ende des Plateaus, bevor es plötzlich bergab geht, so schnell, dass die Ohren knacken, befindet sich ein verlassenes Hotel, ein vereinsamtes Haus. Ein Blick durch die Fenster, unheimlich, weil alles so aussieht, als würden in jedem Moment die Gäste kommen. Selbst dieses kleine Hotel hat eine dampfende Heißwasserquelle. Alles an diesem Ort ist befremdlich. Wer also ein Island in dreißig Minuten braucht, muss hierher.

Der Süden ist so abwechslungsreich, so schön und eine der wenigen Gegenden dieses Landes, die wirklich belebt ist.
Die Südküste Islands wird in den Sommermonaten zu einem »Natur-Disneyland«. Zwischen dem Seljalandsfoss und Vík pendeln die großen Tourbusse und spucken große Mengen an bunt gekleideten Amerikanern aus. Schön und sehenswert ist es trotzdem. Wer etwas mehr Ruhe sucht, fährt mit einem Jeep oder Bus ins Landesinnere nach Thórsmörk. Im »Wald von Thor« findet man noch heute Spuren der ersten Siedler, Wälder, Gletscher und reißende Flüsse.
Das Land und damit auch die touristischen Epizentren beginnen hinter den letzten großen Städten im Süden. Die Städte Hella und Selfoss wirken mit ihren Wellblechhäusern, vereinzelten Kirchen, ewig nass glänzenden Straßen und Tankstellen, an denen der Isländer zu Mittag isst, wie flüchtig von arktischen Expeditionen zurückgelassen. Zwischen Hella und Vík liegen die schwarzen Strände inklusive einem abgestürzten Flugzeug, das jahrelang besucht werden konnte, aber von zu vielen Touristen langsam kaputtgemacht wurde.
Es sind diese Strände, die zu den schönsten der Welt gehören. Auch, wenn man an ihnen nur sterben und nicht baden kann. Viel zu windig, die Wellen zu groß. Lediglich beknackte Isländer gehen hier surfen. Touristen sollten nur Fotos vom Strand aus machen. Bizarre Basaltfelsen entsteigen dem Meer oder versinken in ihm. Legenden ranken sich um diese Felsen.
Wer sie zum ersten Mal sieht, ist fasziniert, und ihre Form erklärt, warum die Isländer sich früher erzählten, dass es sich bei den vier Zinnen um einen Dreimaster handelt, der von

einer Trollfrau gezogen wird. Trolle, unangenehme, ziemlich große Lebewesen auf dieser Insel, haben die Eigenschaft, bei Sonnenaufgang zu versteinern. Was dann auch hier passiert ist: Die Trollfrau war nicht schnell genug, als sie das Schiff zog, und wurde – zusammen mit dem Schiff – zu dieser Steinformation.

Ich persönlich mag die moderne Variante allerdings mehr: Dort im Meer stehen zwei Trolldamen und eine Menschenfrau, die von ihrem Ehemann gerettet werden sollte. Zumindest dachte er das. Denn eigentlich wollte die Frau mit den Trollen leben, denn ihr Mann war nicht in der Lage, die wilde Seele seiner großen Liebe zu bändigen. Der Mann besprach also mit den Trollen, dass sie niemals einen Menschen töten würden, damit seine Frau unbeschadet mit ihnen leben konnte. Warum sie allerdings alle dort versteinert stehen, weiß ich nicht. Es sind eben Geschichten, die in Vík erzählt werden.

Tausende Touristen kommen hierher, machen Fotos von diesen Felsen, stehen am Strand. Und schweigen. Selten gibt es Natur, die so mächtig, so groß ist, dass sie einen Menschen vor Ehrfurcht schweigen lässt. Hier ist so ein Ort. Und auch wenn Abertausende hier dasselbe empfinden, fahren Sie trotzdem hin, machen Sie Fotos. Das Felstor Dyrhólaey könnte das Schönste sein, was Sie in Ihrem Leben sehen werden. Selbst wenn Sie wie ich der Meinung sind, dass der Besuch von natürlichen Felsformationen ein untrügliches Zeichen für den bevorstehenden Eintritt ins Rentenalter ist, machen Sie eine Ausnahme. Ich habe es nie bereut.

Überhaupt ist Vík ein sehr besonderer Ort in Island. Sie müssen einen sehr steilen Abschnitt der Route 1 überwinden, fahren über einen Berg, der oft im Nebel liegt oder von irren Stürmen getroffen wird, und erreichen nach stundenlanger Leere endlich einen Ort. Endlich wieder Menschen.

Es gibt nur eine Hauptstraße, die durch Vík führt. Zudem

ein teures Hotel, das zu besuchen sich lohnt. Auf dem Grundstück habe ich einmal einen Geist gehört, als dort vor Jahren noch hässliche Finnhütten zur Übernachtung standen. Am nächsten Morgen stellte ich fest, das Wehklagen, das ich gehört hatte, waren nur nervöse Möwen.

Eine zauberhafte Jugendherberge gibt es auch in Vík, eine, die immer viel zu warm geheizt ist. Ein privat geführtes Restaurant, das sehr zu empfehlen ist, Sie essen in einem isländischen Wohnzimmer. Und natürlich gibt es eine Tankstelle. Das ist Vík. Dort im Restaurant der Tankstelle sitzend, blicken Sie auf die Trollfelsen und die fettigsten Speisen, die Sie jemals bekommen haben. Die Fischsuppe, die hier als lokale Spezialität angeboten wird, schmeckt auch alles andere als gut, aber das macht nichts. Der Ort ist so besonders, dass Sie vermutlich auch Sonnenblumenöl als Gericht akzeptieren würden.

Nach stundenlangen Autofahrten in Island habe ich häufig das Gefühl, tagelang gewandert zu sein. Ein enormer Hunger ergreift mich jedes Mal, wenn ich aus dem Wagen steige und in eine Tankstelle gehe. Ich esse sehr viel Mist in einer Woche Island.

Ich habe bei meinen ersten Islandreisen keine große Faszination für die berühmte Gletscherzunge Jökulsárlón empfinden können. Sie liegt hinter Vík, weiter in Richtung Westen. Mit dem Finger auf der Karte habe ich schon oft versucht, die Entfernung abzuschätzen, habe überlegt, ob es eine Tagestour von Reykjavík sein könnte. Kann es, aber dann wird es stressig. Die berühmte Gletscherzunge ist rund sechs Autostunden vom Stadtzentrum Reykjavíks entfernt, rund zwei von Vík.

Fotos von Island zeigen häufig Polarlichter, den Papageientaucher und eben die Jökulsárlón, die Gletscherlagune. Das blaue Eis, das Touristen wie Filmemacher inspiriert. Vielleicht war es meine Arroganz, die mich diesen Ort immer ignorieren ließ, denn als ich meine Mutter mit nach Island nahm, zeigte sie sich beeindruckt von der Schönheit dieses Ortes. Und dann war ich es auch.

Manchmal ist es auf diesem Teil der Strecke verlockend, in die Ödnis links oder rechts der Route 1 zu fahren, mit dem normalen Mietwagen. Davon kann ich nur abraten. Das ist mehr als gefährlich, und die meisten Touristen gehen genau wegen solcher Leichtsinnigkeit verschütt und werden nie wieder gesehen.

Der Süden ist ein besonderer Teil Islands, auch für mich. Es war der erste, den ich bereist habe, und ich erinnere mich gut an die einzelnen Abzweigungen, an die Strecke. Sie hat sich so sehr eingebrannt, dass ich bis heute weiß, wo ich welches Lied im Radio gehört habe.

Zwischen Skógar und Vík gibt es im Übrigen eine mittelmäßig geheime Quelle. Ich habe sie nicht gefunden, aber sie ist angeblich auch bei Google Maps verzeichnet. Die Quelle liegt, laut Google, zwischen Seljalandsfoss und Skógar und ist ein alter Pool namens Seljavallalaug. Die Umkleiden seien widerlich und das Wasser nur an einer Stelle wirklich warm genug. Aber sehr fotogen sei das Schwimmbad. Wurde mir so erzählt.

Im Süden und Südosten des Landes gibt es häufig Sand- und Aschestürme. Der feine Sand reibt den Lack der Autos ab, dieser Schaden ist aber nicht in einer Vollkaskoversicherung inbegriffen. Darum immer eine extra Sand- und Ascheversicherung beim Mietwagen-Verleiher abschließen.

GULLNI HRINGURINN - THE GOLDEN CIRCLE

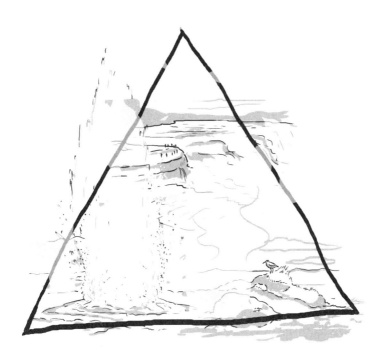

Der goldene Ring ist für Island, was die Freiheitsstatue für New York, das Brandenburger Tor für Berlin oder Schloss Neuschwanstein für Bayern ist. Und es ist eigentlich das große Grauen. Wunderschön anzusehen, faszinierend und majestätisch, aber es macht einfach keinen Spaß, mit Tausenden anderen diese kleine Reise im Kreis zu machen.

»The Golden Circle« besteht aus drei Sehenswürdigkeiten, die von unzähligen Busunternehmen angefahren werden. Jedes Hotel in Reykjavík, jede Fluggesellschaft, die Island anfliegt, jeder Kaffeeladen bietet diese Tour an. Zumindest während seines ersten Islandbesuchs macht wirklich jeder Tourist die »Golden Circle«-Tour. Man bekommt einen Vorgeschmack davon, was Island eigentlich zu bieten hat, nur eben mit Menschen außen rum. Es ist ein bisschen so, als würden Sie sagen, Sie waren in Berlin, wenn Sie ausschließlich den Fernsehturm hoch und runter gefahren sind.

Der goldene Zirkel, das ist erstens der Große Geysir, der berühmte, gelegen im Geothermalgebiet Haukadalur, von dem alle anderen Geysire der Welt ihren Namen übernommen haben. Das ist zweitens der Gullfoss-Wasserfall, ein beliebtes Motiv in Filmen und ein guter Ort, um sich in den Tod zu stürzen. Und das ist drittens Þingvellir (gesprochen: Thingwettlir), das erste Parlament des modernen Europa. Was klingt wie ein imposanter Bau, ist eigentlich die Kontinentalspalte, die Europa vom amerikanischen Kontinent trennt. Einfach malerisch und wie viele Orte, an denen die Geschichte und Geschicke der Menschheit zusammenlaufen – interessant.

Was ich allerdings am schönsten finde: Sie werden auf dieser »Golden Circle«-Tour nur schlechtgelaunte isländische Studenten treffen. Die arbeiten an den Sehenswürdigkeiten und sind hauptsächlich damit beschäftigt, zu erklären, dass beispielsweise Þingvellir eine Art heiliger Ort ist, an dem es sich zu benehmen gilt, und Touristen davor zu bewahren, in den zahlreichen Gefahrenquellen ums Leben zu kommen. »Gehen Sie bitte nicht zu nah an die Kante!«, rufen sie in garstigem Englisch, um dann gelangweilt ihren Kaffee weiterzutrinken.

Geothermalgebiet Haukadalur

Der Große Geysir ist inzwischen inaktiv. Die Menschen haben ihn mit Steinen und Waschpulver so sehr provoziert, dass er sich nur noch wenige Male im Jahr meldet. Zu oft wurde Waschpulver in ihn hineingekippt, damit es beim nächsten Ausbruch schön schäumt, zu viele Steine sollte der große Geysir wieder ausspucken. Egoistische Späße Einzelner, die den Großen Geysir haben verstummen lassen. Daneben steht allerdings ein Plan-B-Geysir. Er heißt Strokkur und schießt touristengruppenfreundlich alle drei bis sieben Minuten eine Wasserfontäne in die Luft. Übersetzt bedeutet sein Name »Sprudelndes Butterfass«. Und genauso riecht er auch. Er befindet sich in einem kleinen Park, umgeben von Absperrbändern und freundlichen Hinweisen, dass das hier aus dem Boden kommende Wasser hundert Grad heiß ist. Diese Warnung sollten Sie ernst nehmen.

Mit einem befreundeten Fotografen war ich 2009 in Island, und wir wollten, weil wir viel Freizeit hatten, herausfinden, ob Eier, die in die Wiesen des Heißwassertals Haukadalur, in dem der Geysir liegt, gedrückt werden, hartgekocht sind, wenn man sie wieder herausnimmt. Der Fotograf, der in der linken Hand Eier balancierte und in der rechten seine

Kamera, rutschte aus. Ich, der gerade nackt in einem Fluss lag, konnte ihm nicht helfen. Er stürzte. Die Eier und die Kamera blieben unversehrt, aber seine Hand drückte sich in die warme, feuchte Wiese – und er verbrühte sich fürchterlich. Später haben wir dann erfolgreich in der Erde Eier statt seiner Hand gekocht.

Ein Heißwassertal muss man sich wie einen riesigen, dampfenden Teppich vorstellen, aus dem es überall hervorqualmt. Die kleinen Flüsse, die durch dieses Tal fließen, haben angenehme vierzig Grad. Baden geht allerdings nur mit Ortskundigen – sonst steigt man in eine Stelle mit sechzig Grad und wird gegart. Der Besuch dieses Tals ist im Übrigen das eigentlich Spannende, nicht die Geysire. Doch dafür braucht man einen Mietwagen und mehr Zeit, als man auf der »Golden Circle«-Tour zur Verfügung hat.

Für einen ersten Eindruck von kochendem Wasser, das aus dem Boden schießt, reicht der Strokkur, der sichtbar dampft und blubbert. Tagsüber ist es hier ziemlich voll, aber morgens und abends halten sich die Menschenmassen in Grenzen.

Besucher halten ihre Kamera frierend vor die Brust, um ein Foto zu machen, das immer irgendwie gleich aussieht. Der Eiffelturm Islands. Alle, wirklich alle machen dasselbe Foto. Manchmal habe ich das Gefühl, dass der Strokkur seine Besucher ärgern will. Er brodelt dann, tut so, als würde er losprusten. Macht er aber nicht, sondern hustet nur. Trotzdem: Das Klackern der Spiegel in den teuren Kameras beginnt, gefolgt von einem enttäuschten »ooh«. Irgendwann werden die Arme schwer und die Augen müde. Es ist ein bisschen wie mit einem Orgasmus, der sich dann doch nicht einstellen will. Vielleicht ist der Geysir auch einfach die beste Konzentrationsübung. Zehn Minuten still stehen, auf einen Punkt gucken, viele Fehlalarme ertragen und im richtigen Moment abdrücken.

Plötzlich spuckt er sein Wasser bis zu dreißig Meter hoch,

die Kameras klicken, als würde Kanye West mit einer neuen Frau aus einem Hotel kommen. Dann ziehen die Touristen weiter, lassen den Strokkur hinter sich, überqueren die Straße und betreten das Einkaufszentrum, das über die Jahre immer größer geworden ist. Hier kann man viel zu teure Lammstullen kaufen und Pullover, auf denen steht »Ich spreche kein Isländisch«. Ein Brüller. Die Hamburger sind allerdings gar nicht schlecht.

Þingvellir

Bereits 930 n. Chr. trafen sich hier die Männer und Frauen (!) Islands zum Allmännerrat, um wichtige Entscheidungen für das Volk zu treffen, beispielsweise, ob Person x oder y im Wasserfall nebenan ertränkt werden soll. Damit gehört Þingvellir zu den ältesten Parlamenten der Welt. Unvergessen: die Griechen. Da fehlten aber die Frauen.

Heute steigen nur noch Besucher der Insel in die Spalte zwischen Europa und Amerika, um sich Geschichte anzusehen. Um vor dem kleinen Holzhaus zu stehen, das gerne fälschlich für das frühere Parlament gehalten wird, aber eigentlich nur ein Besucherzentrum ist, in dem die Entstehung dieses Tals und die Demokratie erklärt werden. Direkt daneben liegen Gräber von Nationalhelden, die, in Ermangelung an Alternativen und Wissen über diesen Ort, von Touristen oft als Toilette missbraucht werden.

Es ist ein geschichtsträchtiger Ort, an dem sich das frühe Parlament, der Alþingi, versammelte: für Recht und Demokratie. Jährlich kamen die Männer und Frauen immer im Juli zusammen und beratschlagten Entscheidungen, die das Land und das Volk von Island betrafen. Hier wurden Gesetze bekannt gegeben und beschlossen. Und gefeiert. Es war weniger Bundestag, mehr Oktoberfest.

Ein Vorteil dieses Ortes war das Echo, das hier hallt, so

konnten die Redner ihre Beschlüsse laut und deutlich verkünden, damit sie jeder hören konnte. Das Echo funktioniert heute noch in der Almannagjá, der »Allmännerschlucht« von Þingvellir.

Ein Erdbeben 1789 setzte die Wiesen und das Gebiet der Allmännerschlucht unter Wasser, weshalb Gericht und Parlament nach Reykjavík zogen. Sowieso waren sie zu diesem Zeitpunkt schon entmachtet, und Island stand unter dem Einfluss von Dänemark. Die Demokratie verschwand erst einmal wieder und die Sitten wurden rauer.

Am Drekkingarhylur, dem sogenannten Ertränkungsbecken in der Almannagjá, wurde im ausgehenden Mittelalter drakonisch bestraft: mit dem Tod. Für Ehebruch, Kindsmord und uneheliche Kinder wurden Frauen in einen Sack gesteckt und im Teich ertränkt.

Das alles habe ich in dem Haus gelernt, das auf diesem Gelände steht, jenes Haus, das alle für das alte Parlament halten.

Wer sich allerdings wie ein Archäologe fühlen will, muss nur über die Fußgängerbrücke und dann nach rechts gehen. Dort liegen seltsame Steine auf dem Boden. Unter dem Moos versteckt. Vielleicht Hinweise auf den alten Ort der Rechtsprechung?

Der das Besuchhaus umgebende Nationalpark mit demselben Namen, Þingvellir, ist hübsch und etwas Besonderes. Hier riss die Erde vor ungefähr neuntausend Jahren auseinander und formte die Landschaft. Im Prinzip wie ein Dehnungsstreifen auf der Haut der Erde. Mittlerweile sind es knapp siebzig Meter, die an dieser Stelle die eurasische und amerikanische Erdplatte voneinander trennen. Ganz ohne Trump, nur durch Naturgewalt. Weil es eine Senke ist, wirkt dieses Tal belebter als andere Ecken Islands. Und der Eindruck täuscht nicht. Vierzig Prozent der Flora Islands wächst hier, ein reichhaltiges Angebot aus Heidelbeeren und Moos. Und zahllose Tiere sollen sich hier tummeln. Angeblich. Ich habe noch keine gesehen. Vielleicht gucke ich auch nicht konzentriert genug.

Ich fahre fast jedes Mal nach Þingvellir, wenn ich in Island bin. Nicht wegen der Demokratie, vielleicht wegen der imposanten Spalte, aber vor allem, weil hier Bäume wachsen. Die wahre Sehenswürdigkeit sind die versprengten Bäume, die hier stehen. Es gibt in Island einfach so wenig alte und verwachsene Bäume, dass sie hier so deplatziert, so künstlich und so besonders wirken. Die mickrigen Birken, die knorrigen Kiefern. Wer Bäume umarmen möchte, der sollte das hier tun. Es ist der perfekte Ort dafür.

Leider ist Þingvellir oft die letzte Station der Tagestour, und die meisten Besucher sind hier schon sehr müde und rotwangig und wollen nur noch ins Bett. Manchmal ändern die Anbieter aber ihr Programm und legen Gullfoss ans Ende der Tour. Dieser Wasserfall ist nämlich so imposant, dass die meisten wieder aufwachen.

Gullfoss – Der goldene Wasserfall

Ich habe diesen Wasserfall schon so oft in meinem Leben gesehen, und jedes Mal beeindruckt er mich wieder. Ridley Scott hat hier die Entstehung der Welt in seinem letzten, ziemlich mittelmäßigen *Alien*-Film gedreht. Gullfoss sieht tatsächlich aus wie ein Mahlstrom, ein tödlicher Strudel, in dem jedes Leben vernichtet werden kann. Ein Mahlstrom, der in einen Fluss mündet, an dessen Ufern zarte Pflänzchen wachsen. Die Gischt wirft einen ewigen Regenbogen über das zerklüftete Tal. Und wenn die Sonne scheint, dann schimmert alles in den Farben der Schwulenbewegung und Gold. Daher der Name. Stundenlang könnte ich in den unendlichen Lauf dieses Wasserfalls sehen. Allerdings bin ich nach wenigen Minuten so nass, dass ich doch lieber wieder das Auto aufsuche.

Um ein Haar würde es diesen Wasserfall heute gar nicht mehr geben. 1920 sollte ein Elektrizitätswerk die Energie aus den Kaskaden nehmen, um Strom für Reykjavík zu liefern, auf Kosten dieses atemberaubenden Naturwunders. Sigríður Tómasdóttir, eine Bäuerin, die sich aus Protest in die Fluten stürzen wollte, verhinderte die kommerzielle Nutzung durch einen Staudamm. Isländer sind so stur wie ihre Schafe, wenn sie von einer Sache überzeugt sind. Als dann 1977 geplant wurde, ein Drittel des Wasserlaufs für einen kleineren Staudamm abzuzweigen, stellte sich die isländische Regierung dagegen. Um weitere Nutzungspläne zu verhindern, wurde Gullfoss 1979 unter Naturschutz gestellt. Nun ist er nur noch für Kinofilme, Touristen und Selbstmörder nutzbar.

Jedes Mal, wenn ich jemanden mit nach Island nehme, der noch nie dort war – die Eltern, die Freunde –, dann mache ich mit ihnen am dritten Tag, nachdem wir uns gemeinsam gut gelaunt durch Reykjavík gelangweilt haben, die »Golden Circle«-Tour. Morgens um acht Uhr geht es los, und wenn es dunkel ist, erreicht man wieder das Hotel, erschöpft und müde, weil die Informationen des Tages im Kopf rotieren.

Für mich ist dieser Tagesausflug wie ein Spaziergang, den man schon kennt, wie der traditionelle Sonntagsspaziergang, immer auf denselben Trödelmarkt. Zwar lässt die Begeisterung nach dem zehnten oder zwölften Besuch langsam nach, und irgendwann freut man sich nur noch wahnsinnig auf den Lakritzverkaufsstand am Geysir, aber es ist einfach ein gutes Gefühl.

Wer die Kontinentalplatten im Þingvellir alleine erleben möchte, fährt am großen Parkplatz vorbei bis zu einem kleinen Schild, auf dem »Öxarárfoss« steht. Von dort führt ein Pfad in die große Spalte und in absolute Stille. Nicht einmal Vögel sind hier zu hören. Der Weg endet an dem Wasserfall Öxarárfoss, der von den ersten Siedlern künstlich angelegt wurde, um Ertränkungsurteile (die untreuen Frauen!) zu vollstrecken.

DER WESTEN - SEHNSUCHTSORT AM ENDE DER WELT

Die Farben Grün und Braun wechseln sich hier ab, die Straßen sind scharf in die Kanten schroffer Berge geschnitten. Kleine Städte drücken sich ängstlich an die wenigen Wege hier im Westen der Insel. In den Dörfern gibt es Videotheken, kleine Supermärkte und Häuser, die von einer Seite bemoost sind.

In Jules Vernes *Reise zum Mittelpunkt der Erde* reisen Professor Lidenbrock und sein Assistent Axel auf dem Rücken der Islandpferde auf schmalen Trampelpfaden an den glatten Küsten des Westens vorbei an schmutzigen Isländern, die in torfigen Hütten wohnen.

Dreckige Isländer an schmalen Pfaden gibt es heute nicht mehr, die eisigen Winde, die vom Westatlantik über das Land fegen, aber sind geblieben. Der Westen, er ist für Menschen, die drei oder vier Tage haben, ein kleines Island, ein kleiner Roadtrip. Hier gibt es alles, was auch das große Island zu bieten hat. Hier, zwischen Fjorden, Mooren, den kreischenden Möwen, den Basaltfelsen und der Geschichte lebt Island. Hier ist am stärksten zu spüren, was dieses Land ausmacht.

Es ist, und das möchte ich kurz betonen, bevor wir uns gemeinsam in dieses Kapitel stürzen, mein Lieblingsort auf dieser Insel, die ja eigentlich keine Insel ist. Hier fahre ich hin, wenn ich nach Island reise. Mehr brauche ich nicht.

Die Halbinsel Snæfellsnes im Westen ist eine eigene Landschaft, ein eigenes Gefühl. Eine eigene Welt. Nicht so schroff, die Wellen branden hier nicht so tödlich ins Land hinein. Es ist meine Welt. Der Grund, warum es dieses Buch gibt, ein Sehnsuchtsort, an den ich immer und immer wieder fahre.

An ihrem westlichen Ende liegt Snæfellsjökull, der Schneeberggletscher. Die Reise dorthin beginnt direkt hinter Reykjavík.

Nur fünfundvierzig Minuten von Reykjavík entfernt befindet sich Borgarnes. Man muss durch diese Stadt hindurch, um nach Snæfellsnes zu gelangen. Es gibt keinen anderen Weg. Borgarnes ist eine der wenigen Städte, die nicht mit Fisch, sondern mit Handel ihr Geld verdient. Eine Stadt, aus der Snorri, der berühmteste Historiker Islands, kommt.

Borgarnes liegt an der Straße 1, der großen Route, die um die Insel führt. Ein Ort, dessen Hauptstraße scheinbar ins Meer führt, so als wäre die Welt hier zu Ende. Erst in letzter Sekunde entdeckt man die schmale Brücke. Ein Hafen, an dem kleine Schiffe sich unruhig im Wasser winden.

Ein Restaurant, in dem es Pferdefleisch gibt. Eine Jugendherberge mit Blick auf eine Bucht und ein Freibad. Und eine Tankstelle.

The place to be in jeder isländischen Siedlung ist die Tankstelle. Gibt es keine Zapfsäulen, lohnt es sich nicht anzuhalten. Die Tankstelle in Borgarnes dürfte zudem die schönste der Welt sein. Zumindest die am schönsten gelegene. Wer sich dort etwas zu trinken kauft, etwas zu essen, setzt sich hin und blickt schweigend durch vom salzigen Wind matt gewordene Fenster in die Landschaft: Der legendäre Snæfells-Gletscher am Horizont, eine lange schwarze Brücke, die zweitlängste Islands, die sich über das Wasser des Borgarfjörður erstreckt und wie ein Lidstrich den Atlantik vom Land trennt.

Das Rauschen des Wassers legt sich über die Geräusche des Alltags, die Autos sind nicht mehr zu hören. Nur das Kreischen der Möwen, das zusammen mit dem Wind, der erst an den Kanten der Berge zu heulen beginnt, eine eigene Melodie komponiert. Diese Art Stille, die hier zum Lärm wird, weil es nichts mehr gibt, das unsere Ohren ablenkt. Wer den Kopf in den Nacken legt, sieht keine Flugzeuge, wer geradeaus sieht, sieht zu viel.

Eine Reizüberflutung, weil es keine Reize gibt. Und das alles an einer N1-Tankstelle, der führenden Tankstellenkette Islands. Ein Liter Benzin 1,50 Euro. Und das Gefühl, am Nabel der Erde zu sitzen. Das geht hier in Borgarnes.

Ich habe mal eine ganze Woche nur in dieser Stadt verbracht, habe dort an der Tankstelle gesessen und gelesen. Geschrieben. Und dann wieder Cola getrunken. Oder Kaffee.

Touristen steigen aus ihren kleinen weißen Mietwagen, kaufen sich Süßigkeiten und Hotdogs. Daneben Isländer, die sich aus 4x4-Trucks schälen und auch Süßigkeiten kaufen. Und Hotdogs.

Obwohl die Tankstelle in Borgarnes inzwischen vergrößert wurde und Teile ihres öligen Fastfood-Charmes eingebüßt hat, ist sie immer noch der erste Stopp auf jeder Reise in den Norden. Wer hier nicht aussteigt und einmal die frische Seeluft gepaart mit Bratfett schnuppert, hat etwas verpasst. Außerdem findet man in Borgarnes das Siedlungsmuseum. Es bietet einen unverfälschten Blick auf das harte Leben der ersten Bewohner Islands: www.landnam.is.

Es gibt zwei Möglichkeiten, die Snæfellsnes-Halbinsel zu befahren, entweder man biegt nach Borgarnes gleich links ab. Das mache ich immer, wenn ich mehr Zeit habe. Dann habe ich das Ziel vor Augen, mit dem Auto einmal um Island herum zu fahren. Oder, wenn man keine Zeit hat, fährt man weiter nördlich auf die Halbinsel und kommt am Ende wieder in Borgarnes raus. Der Trip dauert dann drei Tage. Von Reykjavík und wieder zurück. Für mich ist diese Reise mit vielen Geschichten verknüpft.

Vor drei Jahren schrieb ich an einem Drehbuch und kam nicht weiter. Saß in Berlin in Cafés und mir fiel nichts mehr ein. Keine lustige Stelle, kein witziger Dialog, keine Begebenheit. Ich habe mir am selben Tag ein Flugticket nach Island gekauft und bin geflüchtet. Auf die Snæfellsnes-Halbinsel. Nicht dass Sie jetzt glauben, ich bin ein reicher Schnösel, nein, das Ticket hat nur 69 Euro gekostet – und ich konnte es absetzen.

Die Ideen sprudeln in meinem Kopf, als ich durch den Tunnel Richtung Borgarnes fahre, ein langer schwarzer Tunnel, knapp sieben Kilometer lang, das Thermometer im Wagen steigt an, wenn Autos in Island durch Tunnel fahren. Die Nähe zum Feuer der Erde wird spürbar. Auf der Scheibe ein Sprühregen, der mich durch die herbstlichen Landschaften begleitet. Sprühregen, der zu Schnee wird, als ich über die Halbinsel fahre, kurz vor dem Snæfellsjökull. Der Berg, der mir so viel bedeutet.

Das Erste, was ich über Island wusste, war die Existenz dieses Berges, dieses erloschenen Vulkans. Mein Vater sprach davon, oft, mit der Zigarette im Mundwinkel. Er wollte dorthin, auf diesen Berg, den er schon seit seiner Kindheit kannte. Solange die Mauer aber noch Berlin teilte, konnte er nicht reisen, zumindest nicht nach Island.

Ich wusste, dort beginnt Jules Vernes *Reise zum Mittelpunkt der Erde*. Ich muss sechs Jahre alt gewesen sein, vielleicht auch sieben, als ich meinen Vater dabei beobachtete, wie er dieses Buch las. Eine alte deutsche Übersetzung. Er hatte einen Atlas neben sich liegen und kontrollierte das Buch auf geographische Fehler, fuhr die Route mit dem Zeigefinger ab und erzählte mir, wie es dort aussieht, in Island, auf Snæfellsnes.

Mein Vater und ich, wir haben diese Reise zusammen gemacht, sind mit dem Schiff in Island angekommen, mit dem Mietwagen nach Snæfellsnes gefahren, und seine Augen wurden feucht, als er den Berg sah. So wie die Wiesen um uns herum.

Er steht dort, wie eine Belohnung, am Ende der Halbinsel. Wir sind nicht gehastet, als wir den Berg gesucht haben. Haben in Hellnar einen Abstecher gemacht, dort unten an der Felswand Lachsbrote gegessen und den Möwen beim Kacken zugesehen.

Den Snæfellsjökull kann man besteigen, aber das wollten wir nicht, hatten keine Lust, es schneite, das Wetter zu kalt, die Hände blau gefroren in den Jackentaschen. Drei Tage nahmen wir uns Zeit für die Halbinsel. Und es waren die Landschaften, die sich eingebrannt haben. Für immer, in die Erinnerung.

Zwischen Grundarfjörður und Stykkishólmur, auf der Snæfellsnes-Halbinsel, liegt ein See. Eigentlich ein Fjord, der aber so rund ins Land hineinreicht, dass es sich anfühlt, als würde man am Urmeer stehen. Waldlose Berge umgeben ihn, diesen See, am Strand liegen Muscheln, fallen gelassen von Möwen, damit sie an das süße Fleisch kommen. Es ist absolut still dort, und mein Vater und ich, wir haben erwartet, dass ein Urtier aus dem tiefblauen See entsteigt und uns die Köpfe abbeißt. Mir fällt es schwer, zu beschreiben, was ich dort gesehen habe und wie es sich anfühlt, so unbedeutend in dieser Landschaft zu stehen. Wir fühlten uns wie Astronauten, die auf die Erde blicken. Wir waren still. So wie die Landschaft. Und überwältigt. So wie die Landschaft überwältigend ist.

Nur kamen wir auf die dumme Idee, die Muscheln als Andenken mit nach Hause zu nehmen. Die stinken. Sehr stark, nach Möwenmund und Fisch.

In Stykkishólmur, bevor es wieder aufs Festland geht, runter von der Halbinsel, haben mein Vater und ich dann übernachtet. Haben am Wasser gesessen, die Walfangschiffe beobachtet und in die Westfjorde geschaut. Haben die Fähren gesehen, die Menschen nach Flatey bringen. Eine Insel, bewohnt von vielen Vögeln und einsamen bärtigen Menschen, die still darauf warten, dass Touristen kommen – oder das Leben vorbei ist.

Alles hier auf Snæfellsnes ist schön. Es gibt keinen Ort, der nervt, der langweilig ist. Auf all den Reisen, die ich in meinem Leben schon gemacht habe, zählte ich die Tage rückwärts. Bis ich wieder nach Hause kann, nach Berlin. Das tue ich auf Snæfellsnes nicht. Hier fühle ich mich zu Hause – in dieser fremden, lebensfeindlichen Welt.

Mein Vater erzählt noch immer davon, wenn wir uns heute sehen. Erzählt von unserer gemeinsamen Reise zum Snæfellsjökull. Und er erzählt mir vom gleichen Gefühl, sagt, selten hätte er sich an einem Ort so wohl gefühlt. Er meint, dort, dort hinten, in der Ecke der Erde, gibt es keine Gefahren. Verantwortlich sei man nur für sich selbst. Das mache es so besonders.

Es ist ein Ort, der nicht nur meinen Vater und mich inspiriert hat: Halldór Laxness schrieb über den Snæfellsjökull das Buch *Der Gletscher*. Selbst Esoteriker sind von diesem Berg überzeugt. Sie halten ihn für den energiereichsten Ort der Erde und bezeichnen den Snæfellsjökull als »drittes Auge« Islands.

Der Name Snæfellsjökull klingt erst einmal imposant. Übersetzt heißt er nichts anderes als »Schneebergsgletscher«. Er kann sommers wie winters bestiegen werden (aber nur mit Guide!) und ist bei gutem Wetter von Reykjavík aus sichtbar.

WETTER – GANZ EGAL, FALSCH ANGEZOGEN IST MAN IMMER

Vergessen Sie Wetterberichte. Sie brauchen gar nicht erst zu versuchen, Ihre Reise mit einer App zu planen. Sätze wie »Morgen wird es im Süden schön, lasst uns losfahren« können Sie gleich knicken. Es nützt nichts. Es gibt kaum einen Ort auf der Welt, der unbeständigeres Wetter hat als Island. Glauben Sie mir, Sie werden zu Hause davon berichten.

Ein Student, der vor einigen Jahren mal für die Autovermietung »Sad-Cars« gearbeitet hat, erzählte mir vom Wetter in Island. Es war früher Morgen Ende April, als ich das Auto zurückbringen wollte und plötzlich durch einen Schneesturm fuhr.

Er wollte Pilot werden. In Island ist das gar nicht so teuer, aber schwieriger. »Wer hier fliegen kann«, erzählte er mir, »kann überall auf der Welt Pilot sein.« Kreuzwinde, Sturm, Hagel, Seitenwinde, was Meteorologen lieben, Piloten spannend finden und Touristen hassen: All das gibt es hier, im minütlichen Wechsel.

In diesem April hatte es am Tage elf Grad gehabt, eine Temperatur, die, zumindest in Reykjavík, irgendwie auch schon mal im Dezember auf dem Thermometer stehen kann. Der Golfstrom, der an der Insel vorbeistreift, macht die Winter im Flachland milde. Erst im Hochland wird es eisig. Das wissen die wenigsten Islandreisenden: So kalt ist es dort gar nicht. So hatte auch dieser Apriltag mich nichts Böses vermuten lassen, manchmal schien die Sonne. Doch dann, am Abend, plötzlicher Schneefall so dicht wie Nebel. Im Auto sitzend, das Gesicht nah an der Frontscheibe, tuckerte ich durch den Schnee. Dankbar dafür, dass die isländischen Autos kleine Spikes an ihren Reifen haben.

Ein isländischer Tag beginnt mit Sonne, irgendwann zieht eine Nebelfront auf, dann sind es überraschend wieder vierzehn Grad. Vierzehn Grad, die sich anfühlen wie dreißig Grad und Freibad. Dann wieder wird es dunkel, es regnet einen feinen Sprühregen, den ich so nur auf Island erlebt habe. Ein Regen wie in einer Saunalandschaft unter der Sprühdusche, so fein, dass er selbst durch das feinmaschige Gewebe einer Allwetterjacke dringt. Wieder Sonne, wieder Schnee, wieder Nebel. Und immer Wind. Alle Jahreszeiten innerhalb von Stunden. »Krankwerdewetter«. Die Kleidung ist immer klamm, immer feucht. Entweder vom schweißnassen Rücken oder vom Regen.

In Island wird die Windgeschwindigkeit in Metern pro Sekunde berechnet und auch so auf den Infotafeln am Straßenrand angezeigt. Multipliziert mit vier minus acht, ergibt sich die Windstärke in km/h. Wenn die Tafeln eine rote Zahl anzeigen, ist es besser, umzudrehen. Die aktuellen Straßenbedingungen finden Sie außerdem auf www.vedur.is und www.road.is.

Was aber wichtig ist, und den Fehler musste ich auch erst machen: Hören Sie auf die aktuellen Wetterwarnungen! Studieren Sie morgens, besonders, wenn Sie in der Nebensaison fahren, die Meldungen zum Zustand der Straßen. Oben im Norden, über der Snæfellsnes-Halbinsel, liegt das bezaubernde, verlassene Djúpavík. Ich wollte dorthin, wollte die leeren Straßen sehen, die, sobald Sie die Route 1 verlassen, nur noch aus Kies zu bestehen scheinen. Es war November, der Winter hatte das Land verdunkelt, das Wetter war unberechenbarer als unberechenbar. Und deswegen musste ich warten. Vier Tage, in einem Hostel in Búðardalur. Weil ich nicht auf die Wetterwarnungen gehört habe. Gleich wenn Sie in der Eingangshalle am Flughafen in Keflavík ankommen, gibt es eine Tafel, dort stehen die aktuellen Straßenbedingungen. Alles, was rot ist, können Sie nicht mehr befahren. Und wenn dort steht: Lawinengefahr, dann ist auch wirklich Lawinengefahr.

In den Flugzeugen, die in Island landen, sitzen Touristen in ihrer Himalaya-Expeditionskleidung, sie schwitzen, rennen mit hochroten Gesichtern durch den Duty-free (Alkohol kaufen!) und platzen japsend auf den Parkplatz vor dem Flughafen.

Mützen, Handschuhe, dicke 1000-Euro-Daunenfeder-Jacken, Wanderstiefel und Allwetterhosen mit Multifunktionstaschen. So stellt man sich die perfekte Reisekleidung für Island vor. Wenn es dann mal – 40 Grad wird und seitwärts Eiszapfen regnet, ist das perfekt. Passiert aber nur selten. Und wäre wenn auch nur eine von zig Wettererscheinungen.

An sich müssten Besucher Kleidung für jede Wetterlage dabeihaben – aber die Isländer laufen ja auch nicht mit Rollköfferchen zur Arbeit, damit sie immer das Richtige anzuziehen haben, wenn es morgens warm und abends winterlich ist.

Die Isländer halten es ruppig mit dem Winter. Und kleiden sich in Zivil, und nicht so, als würden sie versuchen, gemeinsam mit Markus Lanz Breitengrade abzuwandern.

Im isländischen Sommer, wenn wir Touristen mit North-Face-Jacke durch Reykjavík spazieren, haben Frauen kurze Röcke und Männer kurze Hosen an. Hinter vorgehaltener Hand zeigen sie mit dem Finger auf uns Touristen. Natürlich frieren sie dabei. Aber das ist es ihnen wert. Sie kichern und können uns sofort identifizieren. Überhaupt scheint es Island-Touristen (und mir) ein großes Bedürfnis zu sein, sich Expeditionskleidung zu kaufen.

Was in Italien Versace und Gucci, ist in Island die Firma 66°North. Plakate mit schönen Menschen, die in noch schönerer Landschaft für teure Mützen und Handschuhe werben. Wir Touristen fallen darauf rein, kaufen wie blöde diese Klamotten, fühlen uns auf den heftigen Wetterwechsel vorbereitet und sitzen dann mit unserer Modetrophäe im Flugzeug zurück nach Deutschland. Vierzig Sitzreihen, vierzigmal die gleiche 66°North-Mütze.

Das geht aber auch umgekehrt. Auch die Isländer lieben 66°North. In Berlin ist speziell die Mütze das einfachste Erkennungsmerkmal isländischer Touristen.

Es ist ein Morgen im Mai, die Sonne scheint. Sie überlegen, es den Isländern gleichzutun und in kurzer Hose einen Spaziergang zu machen. Danach landen Sie unter Umständen mit Erfrierungen im Krankenhaus, denn Sie sind auf das »Gluggaveður« (Fensterwetter) hereingefallen. Diese Fata Morgana des Wetters schwindelt Wärme vor, aber ist am besten mit einem Blick aus dem Fenster zu genießen.

Damit die Mode in Island besser verständlich ist, erzähle ich Ihnen mal, was in meinem Köfferchen ist, was ich anziehe. Grundsätzlich reise ich nur mit Handgepäck. Auch nach Island. Alles, was warm ist, habe ich bereits im Flugzeug an. Bin also auch einer der rotgesichtigen Schwitzies, die nach 3,5 Stunden Flugzeug erschöpft am Flughafen stehen.

Modische Beachtung finden Sie eigentlich nur in Reykjavík. Da Sie sich aber in dieser Stadt nicht so lange aufhalten werden, nehmen Sie ein ziviles Kleidungsstück mit.

Im Rest des Landes trage ich immer dasselbe, weil es einfach kein Schwein interessiert. Leggings, die lange Unterhose, für die man keine Hose darüber braucht. Dennoch eine kurze Hose drüber, weil es bei Männern einfach befremdlich aussieht, eine Strumpfhose anzuhaben. Einen Pullover, eine dünne Unterjacke und eine sehr dicke Überjacke. Das reicht. Mehr brauche ich nicht.

Kleidung für eine *normale* Islandreise von sieben Tagen in der Hauptsaison (keine Reise ins Hochland oder im tiefsten Winter):

Daunenjacke (1x)

Nichts Auffälliges kaufen, Sie müssen nicht achthundert Euro für eine Canada-Goose-Jacke ausgeben. Eine normale Winterjacke reicht. Auch wenn Island sich selbst als tödliches Hochland vermarktet. Sie werden es nicht besuchen, Sie werden nicht draußen schlafen, Sie werden nicht havariert werden müssen. Außerdem sitzen Sie den ganzen Tag im Auto.

Pullover (3x)

Er darf ruhig modisch sein. Aber atmungsaktiv. Bloß kein Polyester! Besonders wenn sie in Gruppen reisen, unterschätzen die meisten Menschen die heftige Wirkung der Klimaanlagen in den Bussen. Transpiriert wird auch in Island, geheizt wird wie in einer russischen Stube. Der Mief eines mehrfach getragenen Polyesterpullovers ist eine Belastung für Mitreisende.

Wenn Sie planen, zu campen oder nass zu werden, ist außerdem Baumwolle verboten. Nichts kühlt den Körper mehr aus.

T-Shirts (4x)

Bitte aus Synthetik. Hier muss jeder durch den Mief durch. Baumwolle lässt Sie erfrieren. Joggingkleidung bietet sich natürlich an und wird von Isländern als Alltagskleidung heiß geliebt. Sieht aber scheiße aus. Und Sie werden mit Sicherheit in Island nicht joggen. Viele träumen davon, an den schwarzen Stränden von Südisland eine virtuelle Marke in Runtastic zu hinterlassen. Wenn Sie das wollen, bitte. Aber Sie werden mit hoher Wahrscheinlichkeit ins Meer geweht.

Schlüpfer und Socken (7x)

Das Einzige, was Sie zahlreich mitbringen sollten. Haben Sie da mal Notstand, Wollsocken in allen Farben und Variationen gibt es an jeder Tankstelle zu kaufen und sind eine sinnvolle Investition.

Leggings (3x)

Das Gute an Leggings: Auf dem Land sind sie sportlich, warm und funktional. Wenn es doch kalt wird, können Leggings unter einer Jeans getragen werden. Spazieren Sie damit durch Reykjavík, sind Sie ein Hipster und fügen sich nahtlos ins jugendliche Stadtbild ein.

Schuhe (1x)

Bitte keine Trekkingstiefel. Wenn Sie auf einen Gletscher reisen, bekommen Sie Schuhe oder Spikes. Sie werden sich ärgern, eine Woche lang mit fünf Kilogramm schweren Wanderstiefeln im Auto zu sitzen. Ziehen Sie an, was wärmt und bequem ist. Die Isländer selbst tragen am liebsten kurze Gummigaloschen mit Wollsocken darin. Wärmer und bequemer geht es nicht.

Was Sie nicht brauchen:

Alles, was in Outdoorläden verkauft wird. Sie brauchen es nicht. Wirklich! Unter isländischen Touristenguides gibt es eine Faustregel: Je neuer und perfekter die Ausrüstung des Gastes ist, desto höher die Wahrscheinlichkeit, dass er ein absoluter Outdoor-Versager ist.

Einen Regenschirm. Der Regen kommt meistens von der Seite und in Verbindung mit Wind. Der Schirm wird Sie also innerhalb von Sekunden im Stich lassen.

SCHAFSKOPF, PYLSA UND ZÄHE HAIE – WAS SCHMECKT SCHON GUT IN ISLAND?

Es ist Nacht in Island. Im Winter sogar ewig. Und auf Reykjavíks Straßen ereignen sich typische Szenen. Da ist eine Gruppe von Freunden, sie sind betrunken, sie haben Hunger. Alkoholhunger. Der gestillt werden muss. Und weil die Isländer oft betrunken sind, haben sie oft Hunger. Sie schwanken, sind laut, und sie suchen Nahrung. Sie torkeln und singen, da, wo die Laugavegur, die Haupteinkaufsstraße, zu Ende ist und von einer zweispurigen Straße zerschnitten wird. Der Ausgangsort der Freunde, des Trinkens, war die hässliche Sportsbar, die damit wirbt, dass Ehefrauen hier ihre traurigen Ehemänner vor ausgiebigen Shoppingtouren abgeben können.

Der Wodka Red Bull ist teuer in dieser Bar, die Frauen sind schlecht gelaunt und die anwesenden isländischen Männer auf der Suche nach Touristinnen. Sie würden gerne mit ihnen schlafen, trauen sich aber nicht, sie anzusprechen. Der Raucherbereich dieser Bar ist immer voll. Hier sitzen Menschen, die Frauen mit stark geschminkten Gesichtern, und brüllen sich laut auf Isländisch an. Ein wahres Schauspiel: Isländer, die betrunken sind, bellen sich in ihrer groben, uralten Sprache an.

Gegenüber ein 24-Stunden-Laden, Waschmittel, Kondome, Süßigkeiten, alles völlig überteuert. Ausgeleuchtet mit künstlichem Licht, das den Rausch schlagartig beendet, die Produkte und die müden Gesichter der Kunden sichtbar macht. Es gibt hier alles, was man um zwei Uhr nachts gebrauchen könnte – außer Alkohol. Ich beispielsweise habe mir hier betrunken die teuerste Birne meines Lebens gekauft, teurer als die in Tokio. Fünf Euro. Für eine Birne.

An der Kasse gibt es Hitler-DVDs und Horrorfilme. Und das wichtigste Nahrungsmittel Islands: Hotdogs. Traurige Hotdogs, die sich stundenlang in ihrem eigenen Öl suhlen und darauf warten, gegessen zu werden. Hastig, mit einer speziellen Hotdog-Sauce. Auf deren Tube ein tanzendes Würstchen abgebildet ist. Der typische Abend in Island endet mit einem Hotdog. Um ehrlich zu sein: Jedes gastrosophische Bedürfnis wird hier, in diesem Land, mit schlechtem Essen gestillt.

Der Hotdog ist in Island das, was in Berlin der Döner ist. Es gibt ihn überall. Kleine Verkaufsstände verkaufen Süßigkeiten – und Hotdogs. Unten am Hafen Reykjavíks, neben dem Fischerbaron, einem kleinen, sehr touristischen, aber guten Fischrestaurant, gibt es den berühmtesten Hotdog-Stand Islands. Bis tief in die Nacht bildet sich eine Schlage vor dem kleinen Verkaufsfenster. Vermutlich ist es die einzige Schlange in ganz Island.

Überhaupt ist Fastfood das wichtigste Essen der Isländer. Die gesamte Küche in diesem Land wirkt so, als würde irgendwer das »Heiße Hexe«-Menü weiter verkaufen, dieses Mikrowellen-Automatenessen aus den Neunzigern. Kondenswasserfeuchte Hamburger, Hamburger mit weichen Pommes, weiche Pommes mit Käse überbacken. Und dann wieder Hotdogs. Und überall Domino's Pizza. Egal, wo in Island, es gibt außerhalb von Restaurants nur dieses fürchterliche Essen. Und da es wenige Restaurants außerhalb der Städte gibt und stattdessen vornehmlich Tankstellen, essen Einheimische und Besucher eben dieses Mist-Essen. Wer zum Bezahlen in die Tankstelle geht, kommt umgarnt vom Mief alter Fritteusen wieder heraus. Alleine deswegen lohnt es sich nicht, teure Allwetterjacken zu kaufen, den Geruch von ollen Island-Pommes kriegen Sie nicht mehr raus. Zu Hause werden Sie gefragt werden, wie denn das Essen im Urlaub gewesen sei, Ihre Jacke rieche so nach altem Fett.

Ja, ich übertreibe, ganz so schlimm ist es nicht, aber vielleicht wird Ihren Freunden etwas anderes auffallen: Vermutlich haben Sie zugenommen. Das passiert schnell in diesem Land. Und wenn Isländer gerade keine Burger essen, dann essen sie Eis. Es ist wirklich so, ich habe in keinem Land der Welt so viel Eis gegessen wie in Island. Sahneeis, gerührt, mit Lakritze, Schokolade, Smarties, Marshmallows. Egal, wann ich will, egal, wie viel ich will. Ich bekomme es.

Das Besondere ist, Sie verbinden isländische Orte mit diesem seltsamen, schlechten Essen.

Im schönsten Städtchen der Welt, Vík, gibt es das Suður-Vík-Restaurant, hoch oben, unterhalb einer kleinen Kirche, mit wenigen Tischen und guten Gerichten. Eine gastronomische Ausnahme. Vielleicht kommt es mir auch nur so vor, da in den größeren Städten ein Restaurantbesuch einer Anzahlung für eine Eigentumswohnung gleicht. Vielleicht war ich einfach zu selten in »echten« Speiselokalen. Weil ich es mir nicht leisten kann – und weil es überall eine billige, schlecht schmeckende Alternative gibt.

In Vík gibt es auch ein Fastfood-Restaurant, direkt in den Dünen, neben einem Campingplatz. Es ist besser gelegen als das Suður-Vík-Restaurant, aber das Essen ... Der Blick auf das tosende Meer, das nirgends auf der Welt tödlicher ist als hier, und die bizarren Felsen, versteinerten Trollen gleich. Und es riecht nach Fett. Der Laden ist voll. Es gibt eine Suppe aus Fett, Burgern und Pommes. Und ja, auch Hotdogs. Fastfood an einem der schönsten Orte der Welt.

Ich mag es. Trotzdem. Auch wenn die Bäuerchen danach heiß sind und der Salzbedarf meines Körpers für ein Jahr gedeckt ist. Esse ich schlechtes Fastfood, denke ich an diesen Laden mit dem tollen Ausblick.

Island ist eine Katastrophe, was Streetfood betrifft. Natürlich gibt es aber in den Restaurants des Landes auch gutes Essen.

Fisch, klar, Shrimps sowieso. Manchmal wird auch Papageientaucher angeboten, dieser schöne Vogel. Sollten Sie einen bestellen, vermeiden Sie Bilder dieses Vogels in Ihrem Kopf. Im Gegensatz zu Hühnern ist er nämlich sehr hübsch und sympathisch. Wie er kurzbeinig über die Wiesen stolpert und durch seine Farbgebung auffällt. Er fliegt schlecht und hat immer diesen sorgenvollen Gesichtsausdruck. Und er schmeckt gut. Wie Ente. Logisch.

Wal ist ebenfalls eine isländische Spezialität, aber ich habe das Gefühl, er wird nur von Touristen und alten isländischen Traditionalisten gegessen. Er wird getötet für uns Touristen, der schöne, majestätische Zwergwal. Ich weiß, mit dem, was ich jetzt schreibe, löse ich aller Voraussicht nach einen Shitstorm aus, aber: Ich habe es probiert, ich habe Wal gegessen. Und ich weiß, es ist schlecht für die Wale. Für die Welt. Aber bei mir hat die lukullische Neugierde gesiegt. Und ich habe mir einfach eingeredet, dass der Wal nur vor den Küsten des Landes schwimmt, damit die Besucher ein Steak aus dem Nordatlantik essen können. Ein bisschen wie bei den Kuhställen in Brandenburg.

Ja, der Wal kommt als Steak auf Ihren Teller. Nicht als Fischfilet. Das habe ich vergessen, als ich meinen ersten Wal bestellte. Es ist ein schlaues, sehr schlaues Säugetier, das man isst. Kein tumber Fisch. Und genauso sieht es aus, auf dem Teller. Und es schmeckt auch so, wäre da nicht der dumpftranige Geschmack, der sich um die Zunge wickelt, die nach dem Genuss im Tran liegt wie ein alter Fisch in Zeitung. Wal zu essen ist eine interessante Erfahrung, ist vielleicht auch ein wichtiger Moment. Als ich das erste Mal Wal aß, fühlte es sich an, als hätte ich meinen ersten Porno gesehen. Verboten, nicht richtig, falsch. Dieses intelligente Wesen in Filets zerschnitten.

»Ist es okay, Wal zu essen?«, habe ich die Kellnerin damals gefragt, die Hände auf der karierten Tischdecke des Restaurants. Sie sah mich an, nickte: »Is mir voll egal.«

Und dann aß ich diesen Wal und schämte mich. Aber ich habe auch schon Waran gegessen und Schlange, und ich glaube, in China musste ich mal einen Schnaps aus Panda und Tiger trinken. Ich wusste also aus Erfahrung, diese Scham würde vergehen.

Der fermentierte Eishai ist eine ähnliche Speise wie Wal und wird nur noch für Touristen angeboten. Die Isländer wären schön blöd, dieses grausame Gericht zu essen. Diese Fischbrocken, die kotzig-süß in einem Sud schwimmen und ebenso schmecken. Dazu gibt es immer einen Schluck Anisschnaps. Eishai und Anisschnaps. Das ist keine Nahrung, sondern eine Mutprobe. Die Isländer packen die nach Urin stinkenden Haihappen nur noch für Þorrablót aus, ein winterliches, archaisches Fest auf dem Land. Sie feiern das Ende des Winters mit diesem fürchterlichen Gericht. Þorrablót ist ein altgermanisches Fest, das lange nicht begangen wurde, aber weil Isländer alle möglichen Gründe suchen, um sich sinnlos zu betrinken, haben sie es im 19. Jahrhundert wieder eingeführt. Ziel des Festes: Stärke beweisen, indem man ein winziges Stückchen Gammelhai ohne Brechreiz hinunterwürgt.

Vermutlich sind diese Speisen auch der Grund, warum die Isländer ihr Convenience Food so mögen. Jahrhundertelang gab es für sie nur Moos und Flechten, Schafsköpfe und zähe Haie zu essen. Ansonsten Fisch, und wenn es mal richtig gut lief: Skyr.

Skyr ist ein Quark, so dick und fest, dass damit auch Fenster gekittet werden können. So schwer im Geschmack, so voller Proteine, dass Bodybuilder darauf schwören. Skyr kann lecker sein (besonders mit Marmelade), macht allerdings auch mehr als satt. Wer durch Island reist, muss meistens sparen. Flug, Auto, Hotels, alles teuer. Restaurants besucht man nur selten. Damit Sie die Woche durchstehen, ohne zu verhungern: Einfach jeden Morgen einen Becher Skyr à 500 Gramm essen, das reicht bis in die frühen Abendstunden.

Am Flughafen von Keflavík gibt es einen Duty-free-Shop, der Walfleisch verkauft. Kommen Sie nicht auf die Idee, es mitzunehmen. Ich vermute, dahinter steckt eine illegale Absprache mit den Zöllen der Heimatflughäfen aller Länder außer Japan (denn hier ist die Einfuhr von Walfleisch legal). Walfleisch ins Land zu schmuggeln ist kein Kavaliersdelikt, glaube ich. Und bestimmt erkennt der Zoll genau, welche Passagiere aus Island kommen. Es ist dann wie früher, als wir dachten, es sei eine coole Idee, Gras von Amsterdam nach Deutschland zu schmuggeln. Wir wurden erwischt, weil jeder dachte: MICH kontrolliert sowieso keiner – doch die Beamten wussten es besser.

Zum Abschluss eine kleine Auswahl isländischer Speisen. Ich habe das Gefühl, die traditionellen Gerichte gibt es nur in Touristenzentren und nicht im echten Leben der Isländer. Und da es ja bei vielen Reisen darum geht, die lokale Küche zu akzeptieren, um selbst ein Local zu werden, hier zusammengefasst die wichtigsten Speisen Islands:

Hamburger (Hamborgari)

Der Hamburger ist, neben dem Hotdog, ein isländisches Lieblingsessen. Er hat nichts mit dem Trend bei uns gemein, Hamburger mit leckeren, frischen Zutaten kulinarisch aufzuwerten. Jeder Hamburger in Island ist ein trauriges Ensemble fettiger Belege. Die einzige Ausnahme findet man im Kaffihús Vesturbæjar in Reykjavík.

Hotdog (Pylsa)

Ich weiß nicht genau, woraus Hotdogs bestehen, aber sie schmecken in Island immer. Es kann am pappigen Brot liegen oder an der tollen Wurstsauce. Oder den Röstzwiebeln. Am Fleisch kann es nicht liegen, das schmeckt nämlich nach nichts.

Gegrillte Stullen (Grillað Sandwich)

Wer keine Lust auf Hamburger oder Hotdogs hat, isst grilled Sandwiches. Das sind zwei Toastscheiben mit Schinken und Käse dazwischen.

Kokos-Schaumküsse (Kókosbollur)

Ich weiß nicht, was das ist, um ehrlich zu sein. Aber ich liebe es. Immer, wenn ich es mir kaufe, habe ich das Gefühl, es müsste gekühlt werden. Wird es aber nicht. Es schmeckt. Glauben Sie mir.

Ein letzter Hinweis: Vegetarier und Veganer müssen sich von Pommes ernähren. Rücksicht auf Nahrungssonderbarkeiten wird hier nicht genommen.

Wenn Sie den fermentierten Hai doch probieren wollen, gehen Sie in Reykjavík ins Café Loki gegenüber der Hallgrímskirkja. Er wird dort nicht besser schmecken, aber das Café hat die nettesten Kellner der Stadt. Sie können es nicht verfehlen, der beißende Hai-Ammoniak-Gestank zieht bis auf die Straße: www.loki.is.

MOOSE UND FLECHTEN – EIN TEPPICH FÜR ISLAND

Für viele Menschen ist gerade die Leere dieses Landes das Bezauberndste an ihm. Auch für mich. Ich reise oft nach Island, nur um meine Augen auszuruhen. Um den Blick in der Landschaft abzulegen, in der es keine Wälder, keine ausufernden Ökosysteme gibt.

Dabei stimmt das nicht, in Island ist nur alles viel kleiner als anderswo, auch die Flora und Fauna. Es muss genauer hingesehen werden. Tatsächlich ist es so, dass eine Reihe Menschen in dieses Land reist, um sich mit seinen Farnen, Moosen und Flechten auseinanderzusetzen. Manche, die Ornithologen, kommen her, um Vögel zu beobachten. Andere suchen Polarfüchse oder mystische Wesen.

Wenn mir gar nichts mehr einfällt, wenn ich gelangweilt von der schönen Langeweile bin, dann betrachte ich Flechten. Suche sie wie Pokémons, versuche sie zu bestimmen. Dafür fotografiere ich sie, mache mir Skizzen in einem kleinen Notizbuch und gleiche die Bilder abends mit dem »Kosmos«-Pflanzenführer ab. Blütenpflanzen, Farne, Moose, Flechten, Pilze, Algen.

Island motiviert die Menschen dazu, sonderbare Hobbys zu entwickeln. Mein Vater wurde durch Jules Vernes literarische Islandexkursion zum Hobby-Geologen. Was zur Folge hatte, dass er am Flughafen den spitzen, kleinen Geologenhammer erklären musste, den er in seinem Gepäck mitbrachte. Es ist ein schönes Bild, mein Vater, der am Tuffstein klopft, ich, nach vorn übergebeugt, auf der Suche nach Flechten.

Was ist dort, dieser rote Fleck, der grüne? Was sind die feinen Fäden, die dort von der einsamen Birke hängen? Mittlerweile kann ich wochenlang auf dem Bauch in Island liegen. Mit einer Lupe in der Hand betrachte ich Steine, Moose und Flechten und fühle mich dabei, als würde ich auf eine andere Welt sehen. Sechshundert verschiedene Moosarten, fünfhundert verschiedene Arten von Flechten gibt es in Island. Jeder Blick auf einen der bunten Steine, die überall in Island zu finden sind, wird zu einem Flug über den Amazonas. Umgekehrt erinnern mich die Städte und Dörfer, die im Landeanflug auf Island sichtbar werden, jedes Mal an die Flechtenflecken, die ich auf meinen Wanderungen durch Island entdecke. Diese Flechten lassen mich an die Isländer und ihr Land selbst denken; an ihre Symbiose mit den natürlichen Bedingungen, der Luft, dem Wind, der über die Insel weht und alles mitnimmt, was sich nicht an einem Stein festhält.

Cetraria islandica (Isländisches Moos)

Ist wohl die bekannteste Flechte Islands und kann, wenn sie in der Sonne steht, sogar braun werden. Wie der Mensch hat sie ein Pigment in der zarten Haut, das sie vor der Strahlung der Sonne schützt. Sie ist ein knotiges Gewächs, welches mit zackigen Kanten unwillig pflückbar ist. Gesund ist sie auch noch, voller Jod und Vitamine. Medikamente können aus ihr gemacht werden: Die Islandica, über Kartoffelwasser gedämpft, ergibt einen sonderbaren, bitteren, sehr gesunden Salat. Für Freunde abenteuerlicher Konsistenzen oder Geizkragen, die sich isländische Restaurants sparen wollen, perfekt.

Die getrocknete *Cetraria islandica* hingegen hilft gegen Übelkeit, belebt und macht hungrig.

Zu finden ist sie in ganz Island, nur dort nicht, wo der Schnee das ganze Jahr über liegen bleibt. Überall dort, wo es feucht ist, das Klima mild, fühlt sich der Mensch wohl. Und die *Cetraria islandica*.

Rhizocarpon geographicum (Landkartenflechte)

Bis zu tausend Jahre alt kann eine Landkartenflechte werden. Ihren Namen erhielt sie, weil das Muster, das sie bildet, aussieht wie eine Landkarte. Sie benutzt Gestein, um sich hier zu beheimaten, es ist ihr Lieblingswohnort. Besonders in Island ist die Landkartenflechte von großer Bedeutung. So lassen sich durch ihre Verbreitung Rückschlüsse auf die Gletscherbildung ziehen. Außerdem sorgt sie für farbliche Kontraste.

Unter all den 25 000 verschiedenen Flechten dieser Welt ist sie ein Superstar: 2014 wurde sie zur Flechte des Jahres gewählt. Sie wächst sehr langsam und verschwindet bescheiden, wie sie ist, aus unserem Umfeld – weil es keine Findlinge mehr gibt, keine nackten, sauren Felsen, auf denen sie bevorzugt lebt. Nur 0,15 Millimeter im Jahr wächst diese Flechte und erträgt stoisch arktische Winter. Sogar in den Weltraum wurde sie schon geschickt – an der Außenseite eines Raumschiffs. Eine Woche hat sie problemlos überlebt, gestorben ist sie erst beim Wiedereintritt. Sie ist einfach verglüht.

Cladonia stellari (Rentierflechte)

Eine zarte weiße Flechte, eine Erstbesiedlerin schroffen Gesteins. Selten zu finden ist diese Flechte, die in Skandinavien den Rentieren als Nahrung dient. In Island raut sie die Steine an, macht über Jahrtausende den Boden bereit für die Pflanzen, die irgendwann mal kommen, sich irgendwann zeigen und aus Island ein reich bewaldetes Land machen. Aber das dauert noch. Es sei denn, wir geben uns noch mehr Mühe mit dem Klimawandel.

Es gibt keine speziellen Orte, um Moose oder Flechten zu beobachten. Überall in Island wächst es, es reicht, einfach mit dem Auto anzuhalten und spazieren zu gehen. Dort, wo es kein Gras gibt, gibt es Moose. Allerdings gibt es eine Stelle, die mir besonders imposant in Erinnerung geblieben ist: Die Autostrecke von Reykjavík zur blauen Lagune nimmt einen Abzweig, kurz vor dem Flughafen, dort gibt es ein riesiges, moosbewachsenes Tuffsteinfeld. Es ist nicht erlaubt, darauf zu laufen, aber am Rand, dort, wo die Parkplätze sind, können Sie ruhig einen Schritt darauf wagen. Es läuft sich wie auf dem weichsten Teppich der Welt. Dort klaue ich mir immer etwas Moos für zu Hause und baue daraus kleine Moosdioramen.

Eigentlich sind die Isländer sehr empfindlich, was das Herumrupfen in ihrer Landschaft betrifft, aber sollten Sie zum Beispiel ein Kaktusmoos finden: Das dürfen Sie ohne schlechtes Gewissen rausreißen. So wie die Lupinen wurde es eingeschleppt.

Campylopus introflexus (Kaktusmoos)

Stammt eigentlich von der Südhalbkugel, wurde aber durch die Schifffahrt in den Norden geschleppt. Dadurch, dass es große, zusammenhängende Flächen ausbildet, greift es stark in die Ökosysteme ein. Tiere finden kein Futter mehr, andere Moosarten werden verdrängt. Was mich fasziniert: Das Moos vermehrt sich ungeschlechtlich. Das bedeutet, ein Spross reicht, um eine neue Mooskolonie zu bilden.

BIER, SCHNAPS UND WEIN - DAS LASS HIER LIEBER SEIN

Mir ist Alkohol nicht so wichtig, ich trinke ihn selten. Im Urlaub noch seltener als ohnehin schon, zu sehr verabscheue ich das Gefühl des Katers am nächsten Morgen. Die kostbaren Tage der Ruhe mit Kopfschmerz zu verbringen ist nicht meine präferierte Form von Entspannung. Da es aber wohl für die meisten Menschen dazugehört, am Abend dem lokalen Alkohol zu frönen, folgen hier dennoch ein paar Ausführungen.

Das Wichtigste, das es zum Thema Alkohol in Island zu wissen gibt, kann ich in genau einem Satz sagen: Kaufen Sie Ihren Alkohol am Flughafen! Sollten Sie das nicht tun, müssen Sie unbedingt vor Ihrer Reise eine Alkohol-Kasse anlegen und sparen. Ein Bier im Restaurant: neun Euro. Ein Glas Wein: zwölf Euro. Ein Glas Wodka mit Saft: dreizehn Euro.

Sollten Sie isländische Freunde haben, werden diese Sie bitten, am Flughafen Bier und Schnaps zu kaufen. Der Duty-free ist dafür auch sehr günstig gelegen. Noch bevor Sie am internationalen Flughafen Reykjavíks das Gepäck vom Band genommen haben, müssen Sie durch den Schnapsverkauf. Das Erste, was Sie von Island spüren werden, ist das Bedürfnis der Bewohner dieses Landes, einen zu heben. Jeder trinkt. Beständig. Vielleicht liegt es an der Dunkelheit oder daran, dass generell einfach nicht viel zu tun ist.

Es ist daher wenig überraschend, dass der Duty-free am Flughafen immer voll ist. Zahllose Isländer und erfahrene Reisende schieben palettenweise Bierdosen durch den Flughafen, klappernde Wodkaflaschen, Industrieverpackungen voller Erdnüsse. Weil es einfach günstiger ist. Die Steuern auf Alkohol in Island sind hoch, außerdem werden alkoholische Getränke nur in speziellen Läden verkauft. Mit partyunfreundlichen Öffnungszeiten zu unverschämten Preisen. Außerhalb dieser Läden gibt es nur Light-Bier. Das nicht betrunken macht, niemals, sagen die Isländer.

Mich allerdings schon.

Da Alkohol hier verdammt teuer ist und Isländer erfindungsreich, gibt es schon seit Menschengedenken die Tradition des illegalen Schnapsbrennens. Der »Landi«, wie dieses Gesöff auf Isländisch heißt, wird bei Partys als Letztes ausgegraben. Er schmeckt grässlich und hinterlässt den übelsten Kater. Zu kaufen gibt es ihn natürlich nicht, aber solange er nur zum Eigengebrauch gebrannt wird, ist es geduldet. Inzwischen wird der billige Schnaps von einem neuen Trend verdrängt. Der Hipster von heute braut sich sein eigenes Craft Beer in der Garage. Diese Experimente sind ziemlich lecker!

In Stykkishólmur habe ich einmal mit einer Angestellten, die im schönsten Hostel Islands arbeitet, Whiskey getrunken. Ich wollte romantisch sein, weil ich alles sehr schön fand. Wir gingen in ein Fischrestaurant, aßen Kabeljau, und ich informierte sie darüber, dass sie Spinat zwischen den Zähnen hatte. Wir unterhielten uns lange über das Leben auf Island, wie es sich anfühlt, hier Jugendlicher zu sein, in einem Land, in dem die Langeweile zermürbend sein kann. Sie erzählte von früher. Die Sonne schien und ging nicht unter, es war

Sommer in Island. Ein Abend, an dem ich mich entschied, Alkohol zu trinken, einfach, weil alles so schön war.

»Einen Whiskey«, bestellte ich, dann blickte ich zu ihr. In ihr blondgerahmtes, helles Gesicht. »Nein, zwei!« Verlegen blickte sie nach unten.

Eigentlich trinke ich keinen Whiskey, weil man sich damit auskennen muss, und darauf habe ich keine Lust. Ich empfinde das Wissen über Alkohol als leeres Wissen – wenn ich bedenke, dass sein Sinn und Zweck darin liegt, besoffen zu werden.

Wir tranken und sie erzählte mir von den ewigen Sommern und den unendlichen Wintern, von den Beeren, die sie hier im Hinterland pflücken. Wir tranken jeweils noch zwei weitere Gläser Whiskey. Und ich wollte bezahlen.

120 Euro habe ich bezahlt. Ich war von den Socken. Vielleicht war es ein besonders alter, ein besonders teurer Whiskey. Ich weiß es nicht. Ich habe die schöne Frau aus dem schönen Hostel ins Bett gebracht und mich verabschiedet. Und seitdem nie wieder Whiskey in Island getrunken.

Dabei sind die Isländer sehr erfinderisch, was die Alkoholsorten betrifft. Es gibt den, besonders bei Touristen, sehr beliebten Lakritzschnaps. Ein grausames Getränk, sinnvoll als Souvenir, jeder, der davon trinkt, riecht sofort wie ein salmiaklutschender Erdkundelehrer. Der Geschmack brennt unter und auf der Zunge, der Rausch ist schwer übelkeitserzeugend.

Bis 1988 war normales Bier verboten. Es war stattdessen üblich, in das Light-Beer noch einen Schnaps zu kippen. Widerlich. Als Bier endlich legalisiert wurde, gab es die Feier des Jahrhunderts. Bis heute wird der Bier-Geburtstag jedes Jahr begossen.

Natürlich gibt es in Island auch »echte« Drogen, aber die Situation in Reykjavík ist vergleichbar mit der im Umland großer Städte auf dem europäischen Festland: Alles ist immer knapp und dadurch teuer. LSD erlebt gerade eine Renaissance in Island, es ist günstig zu bekommen und einfach zu konsumieren. Weil man es ohne Probleme im Internet bestellen kann. Im sogenannten Darknet.

Gekifft wird in Island, und lange Zeit war der Konsum durch illegalen Eigenanbau möglich. Wenn durch den heißen Wasserdampf aus der Erde Bananenanbau möglich ist, dann ja wohl auch der von Cannabis. Die Energieversorgung in Island ist günstig, daher konnten die Gewächshäuser ohne große Kosten betrieben werden – bis die isländische Polizei noch vor der Weltwirtschaftskrise mit Helikopter und Wärmekamera die Landschaften absuchte. Danach war Gras teuer und schwer zu bekommen.

Obwohl ich schon auf vielen Partys in Island war – koksen habe ich niemanden sehen. Es soll einen steigenden Bedarf danach geben, aber es ist noch nicht abzusehen, ob demnächst arrogant guckende Männer und Frauen die Straßen Islands verseuchen werden.

Noch ist es nachts in den Straßen von Reykjavík eben nicht wie in Berlin, wo mit dem Unterkiefer malmende Techno-Jünger Dienstagmorgen in der U-Bahn sitzen. Zumal es ja keine U-Bahn in Island gibt. Es ist eher Oktoberfest-Stimmung. Alkohol bleibt Droge Nummer eins, die der Staat mit so vielen Restriktionen belegt, dass die Bürger sich trotzig widersetzen und noch mehr trinken.

Generell steht fest, wer einen Alkoholurlaub mit Party sucht, sollte eher nach Malle fahren. Es ist günstiger und wärmer. Die Wahrscheinlichkeit, auf der spanischen Insel besoffen im Rinnstein zu erfrieren, ist gleich null. Auf Island kann das vorkommen.

AUTOFAHREN – WO, WENN NICHT HIER?

In keinem Land der Welt ist Autofahren so schön wie hier. In keinem Land so meditativ wie in Island.

Freunde von mir fliegen regelmäßig nach Südamerika, um Ayahuasca zu nehmen und sich aus dieser lauten und hässlichen Welt zu entfernen. Andere fahren zum Surfen nach Portugal, werden Veganer oder demonstrieren, um sich zu finden. Ich fahre Auto in Island. Einfach geradeaus. Da sind auch nicht viele andere Möglichkeiten. Es gibt die Route 1, eine Art zweispuriger Highway, der einmal um die gesamte Insel führt. Es ist die Nabelschnur, mit der das Land von Reykjavík aus mit allem Wichtigen versorgt wird. Und es ist die beliebteste Route für Touristen. Dann gibt es noch zahllose Schotterpisten, für die man das passende Auto braucht. Mein Geld reicht selten für das Mieten eines 4x4-Geländewagens, mit dem ich ins Hinterland fahren könnte. Ich brauche ihn auch eigentlich nicht. Die Route 1, sie reicht.

Autofahren in Island fühlt sich an, als würde der Flugmodus im Gehirn angeschaltet werden, als würden die Nebengeräusche des Lebens verschwinden – die Gründe hierfür sind wenig esoterisch: In Island ist eine maximale Geschwindigkeit von neunzig Kilometer in der Stunde erlaubt. Das ist fürchterlich langsam, aber schnell genug, um im Straßengraben zu sterben.

Was auch tatsächlich passieren kann. Wer sechs Stunden geradeaus fährt, dabei Sigur Rós hört, der kommt in Trance. Und ich meine richtige, echte Trance. Ein begrüßenswerter, aber gefährlicher Zustand. Die Konsequenzen sind am Rand der Route 1, am Ortsausgang Reykjavíks, Richtung Vík, zu sehen. Ein zerdrücktes Auto hängt dort in der Luft. Als Warnung für die verträumten (Touristen) oder betrunkenen (Isländer) Fahrer: »Fahren Sie vorsichtig.« Mit nur 1,2 Toten pro 100 000 Menschen ist Island allerdings das sicherste Land, was den Straßenverkehr betrifft. Menschen sterben hier auf andere Arten.

Ich vermute auch, dass der eigentliche Grund für die paar Verkehrsunfälle die Blitzer sind, die über die gesamte Route 1 verteilt stehen. Der Schreck, von ihnen geblitzt zu werden, fährt man doch einmal schneller als 90 km/h, sitzt tief, weil es kurz so scheint, als würde eine Atombombe am Horizont zünden, und dem Fahrer sofort bewusst wird: In Island geblitzt werden, das ist teuer. Da kann man schon mal das Lenkrad verreißen und mit einem Islandpferd kollidieren. Oder mit einem Schaf.

Ich leihe mir meine Autos immer bei Sad-Cars, einer Autovermietung, die hässliche, kaputte Wagen anbietet. Zerkratzt, verbeult und ordentlich verraucht. Das ist besonders wichtig. Rauchen im Mietwagen. Fangen Sie an, sollten Sie es bisher noch nicht getan haben. Rauchen ist in Island ein sehr wichtiger Sport – besonders im Auto. Bis die Jacke nach Kneipe riecht und die Augen tränen. Niemand möchte sich hier in den eisigen Wind stellen, um eine Zigarette zu rauchen. Das wäre unpraktisch und ungemütlich.

Der Nachteil an diesen kaputten Autos ist: Es platzt immer ein Reifen. Ich bin jetzt schon sechs oder sieben Mal um Island herumgefahren. Jedes Mal ist mir ein Reifen kaputtgegangen. Wechseln kann ich sie jetzt gut, dafür brauche ich keinen ADAC mehr.

Das wirkliche Problem an diesen Autos – oder überhaupt des Autofahrens in Island – aber ist: Man wird leichtsinnig. Wer stundenlang geradeaus fährt, auf einer zauberhaft asphaltierten Straße, der wird mutig. Jeder Autovermieter warnt, schimpft, verteilt Pamphlete: Fahren Sie nicht ins Hochland! Nicht und niemals! Unter keinen Umständen. Aber insbesondere auf der Route 1 schweift der Blick oft zu den Schotterwegen, die von der Hauptstraße abgehen und in die schneebedeckten Berge führen. Und jedes Mal kommt der Gedanke auf: »So schwer kann es doch nicht sein.« Ist es aber.

Das Hochland ist kein Spaß, es ist schön, aber es ist einsam. Wirklich einsam. Eine Landschaft, so ursprünglich, als wäre sie der Geburtsort der Welt. Und die perfekte Todesstätte für Menschen. Selbst Vögel verirren sich nur selten hierhin.

Nicht ohne Grund gibt es in Island spezielle Autos, die für das Hochland umgerüstet wurden. Mit ihnen kann man durch Flussbetten fahren, auf Wegen, die eigentlich geschmolzenes Gletscherland sind. Touristen in einem VW Polo können nicht in Flussbetten und über Gletscher fahren. Das ist unmöglich. Jedes Jahr sammeln ehrenamtlich agierende Rettungsteams verängstigte Familien in VW Polos in Gletscherflüssen ein. Das Auto wird gar nicht mehr geborgen, es lohnt sich nicht. Und denken Sie ja nicht, dass für eine solche Leichtsinnigkeit eine Versicherung aufkommen würde.

Auf dem Iceland Airwaves, einem Musikfestival, das jedes Jahr im Oktober oder November stattfindet, lernte ich eine Frau kennen. Sie arbeitete auf den Gurkenfeldern dieser Insel, orangefarbene Gewächshäuser, in denen tropische Temperaturen herrschen, und erzählte mir ihre VW Polo-Geschichte, von betrunkenen Freunden, die nachmittags entschieden, gemeinsam mit ihr ins Hochland bei Reykjavík zu fahren. Sie wollten geheime Quellen finden, fuhren in die Berge und wurden eingeschneit. Der Wagen unbeweglich, die Gemüter dümmlich, weil betrunken. Und dann die echte Todesangst. Den Motor laufen lassen, um nicht zu erfrieren? Die Männer waren erstarrt vor Angst. Sie, die mutige Gurkenbäuerin, verließ das Auto und legte es schließlich frei, bei Minusgraden, und rettete ihre Freunde.

Ich kann also alle Islandtouristen nur wiederholt und eindringlich warnen: Fahren Sie nicht einfach so ins Hochland. Mieten Sie sich dafür einen Wagen, am besten mit Fahrer. Fahrer wie die von Arnar Már Baldvinsson, der eine sehr empfehlenswerte Agentur für Reisen ins Hochland betreibt. Seine Leute fahren Sie in Autos mit Reifen so groß und weich wie Heißluftballons über die Wege fernab der Route 1.

Island ist das einzige Land der Welt, das diese besonderen Reifen an seine Autos spannt. Die Landschaft fordert das. Und Arnar Már Baldvinsson liebt diese Autos. »Als ich sechzehn war, habe ich zum ersten Mal einen modifizierten Pick-up gesehen und da wusste ich sofort: Das will ich auch«, erzählt der Isländer. Nur mit diesen Wagen könne man das echte Island sehen, die Täler, die Berge. Ohne Probleme pflügen sich die Wagen durch die schroffe Landschaft, fahren durch Flüsse, überqueren Gletscher. Querfeldeinfahren, ein isländischer Traum, den viele Männer auf der Insel träumen.

»Als ich 25 war, konnte ich mir meinen ersten Pick-up leisten«, schwärmt Arnar. »Und dann habe ich ihn selbst umgebaut.« Die Modifikation an den berühmten isländischen Ballonreifen-Pick-ups sieht vor, dass die Reifen in das Chassis, das Fahrgestell des Wagens, passen – obwohl sie riesig sind. Ganz anders als beim amerikanischen Tunen: Dort wird der Wagen so hoch wie möglich aufgebockt, damit die riesigen Reifen darunter passen. »Uns Isländern geht es nicht um den Showeffekt«, erklärt Arnar. Der Komfort sei ihnen wichtig. Denn Isländer lieben es, gemütlich durch das Land zu cruisen. Und Touristen auch.

In einem Land, in dem man sich bei heftigem Wind auch mal an eine Laterne klammern muss und die Busse am Wochenende erst ab zwölf Uhr mittags fahren, ist ein Auto ein Muss. Mit sechzehn Jahren darf man in Island den Führerschein machen. Die Kinder vom Land können aber schon Auto fahren, sobald ihre Füße ans Gaspedal reichen. Der TÜV ist sehr lax, und so ist die Insel voll von klapprigen, rostigen und mehrfarbig lackierten Kisten, in denen Teenager sitzen und sich freuen, dem ewigen Wind zumindest für kurze Zeit entkommen zu sein.

SIGUR RÓS, TKKG ODER H. P. LOVECRAFT – MEINE ISLAND-PLAYLIST

Manchmal, wenn ich in Island bin, fahre ich Auto, nur um Musik zu hören. Es ist ein seltsames Gefühl, die Bands zu hören, die aus diesem Land stammen. Wenn der Nachmittag im Sommer nicht aufhören will und Sigur Rós läuft, dann ist diese Musik stimmig. Die helle Stimme des Sängers, die mich daran erinnert, wie es ist, wenn es im Frühjahr schneit und der Schnee nicht liegen bleibt, die feine Musik, die so zart klingt wie das Geräusch, wenn das Wetter sich an den Kanten der Berge scheidet. Musik, die ich sonst, im Rest meines Lebens, der außerhalb Islands stattfindet, unerträglich finde.

Sigur Rós in der Berliner U-Bahn zu hören ist unmöglich, richtiggehend nervig. Dann wird aus der zarten Stimme ein leidendes Geseiere. Das Phänomen ist faszinierend, und ich vergleiche es mit den seltsamen Moden, die man sich aus dem Urlaub mit nach Hause nimmt. Fischerhosen aus Thailand, bunte Überwürfe aus Südamerika. Vor Ort funktioniert das, zu Hause, in Deutschland, sieht es bescheuert aus. Sigur Rós ist dieser Überwurf, der zu Hause einfach nicht funktioniert. Zumindest nicht für mich. Ich habe es wirklich probiert, aber hier noch nie einen Ort gefunden, an dem die Musik richtig ist.

Island ist berühmt für seine Stille, die Abwesenheit des Menschen und seiner Maschinen macht dieses Land ruhig. Aber es ist ein Irrtum zu glauben, nur weil keine Flugzeuge über das Land fliegen, nur weil die Industrie fehlt, herrsche eine absolute Ruhe und übertrage sich auf einen. Wenn jedes menschliche Geräusch fehlt, ist der Wahnsinn nah. Der Wind, der rauscht, das Knirschen von Steinen, das Gras, das sich bewegt, das Pferd, das wiehert. Ein atonales Orchester. Lärmend. Erst die Musik aus dem Kassettenradio meines Mietwagens macht es mir möglich, diese Ruhe zu verstehen.

Jede Reise nach Island hat für mich ihre eigene Melodie. Einmal bin ich um die Insel gefahren, mit meiner Freundin im Auto, und wir haben Hörbücher gehört. Zehn Tage lang. Dan Brown (passt nicht, viel zu viele wippende Brüste) und deutsche Comedy (funktioniert nirgends, nicht mal auf Island). Irgendwann haben wir uns dann durch den gesamten Katalog von H. P. Lovecraft-Spukgeschichten gearbeitet und beide festgestellt, dass diese Geschichten ziemlich schlecht sind, also schlecht erzählt. Ein bisschen wie über hundert Jahre alte Groschenromane. Gespenstergeschichten eben. Aber sie passten, als wir vorbeifuhren an den dunklen Felsen im Süden, bis zu einem der seltsamsten Häuser, in denen ich je übernachtet habe. Das war wie ein Hörspiel, nur in echt. Wenn ich heute daran denke, bekomme ich noch immer eine Gänsehaut.

Das Haus befindet sich ungefähr eine halbe Autostunde hinter der Stadt Höfn, in Richtung Westen. Höfn ist ein kleines Örtchen mit weißen Häusern und vom Meer verwaschenen Straßen, es lohnt kaum, hier zu halten. Gut vierhundert Kilometer von Reykjavík entfernt, gibt es hier nicht viel, ein Hostel, zwei oder drei Restaurants, einen Supermarkt und kaum Menschen auf der Straße.

Wer in Höfn ankommt, ist erschöpft. Die Augen haben viel gesehen auf dem Weg hierher, die schwarzen Strände, die bizarren Felsen von Vík, unzählige Wasserfälle, eine nicht so geheime, aber trotzdem schöne heiße Quelle. Das Gehirn ist satt, zu diesem Zeitpunkt.

Ich fuhr also mit meiner Freundin im Auto, das Fenster einen Spalt weit geöffnet, Hunderte Zigaretten rauchend und Lovecraft hörend.

»Weiter?«, fragte ich sie bei Höfn, kurz nachdem die Sommersonnenwende die erste Hälfte eines Jahres beendet hatte.

»Weiter!«, rief sie. Wir hörten Lovecraft und versuchten, uns zu gruseln. In dieser Landschaft ist das möglich.

Direkt hinter Höfn beginnt eine neue Welt. Keine Tankstellen mehr, nur eine zweispurige Straße, die kaum befahren ist. Menschen, die von Reykjavík aus hierher reisen, fliegen normalerweise mit dem Flugzeug. Die meisten kommen erst gar nicht her. Denn es gibt hier nichts außer einer vakuumerzeugenden Leere. Selten habe ich mich zu einem Ort mehr hingezogen gefühlt. Keine Vegetation mehr, nicht mal Lupinen wachsen hier, nur Flechten, die die Landschaft gelb und grün färben.

»Da ist ein Haus«, sagte ich. Wir fuhren von der Straße ab, waren neugierig. Wer würde hier wohnen?

In unseren Rücken lag ein Strand, so breit wie Mecklenburg-Vorpommern, aber vielleicht übertreibe ich auch. Aus dem Autoradio tönte *Schatten über Innsmouth*, ein Hörspiel, in dem sich ein Fischerdorf einer universellen Gottheit verschworen hat, damit die Fänge gut sind. Der Preis, den die Bewohner dafür bezahlen, ist, dass sie sich langsam in Fische verwandeln. Blöd.

Es passte. Im Hintergrund das Meer. Im Vordergrund das Haus. Ein einsames, einzeln stehendes Haus. Als wäre es vergessen worden. Umgeben von Birken und, ich lüge nicht: Gräbern. Daneben ein Flachbau, eine Nutzfläche.

Wir stiegen aus, riefen »Hallo«, wollten die Bewohner nicht erschrecken. Ein alter Mann mit gelbem Bart öffnete die Haustür und guckte uns böse an: »Zwanzig Euro die Nacht.« Vorsichtig traten wir ein, und er sagte nur: »Hier ist die Bettwäsche.« Ein Kauz, ein isländischer Kauz, der in absoluter Isolation lebte. Seine Freunde: die Birken und die Gräber.

Wir wollten nicht bleiben, blieben aber. Weil dieses Haus so besonders war, komplett leer, niemand da außer uns und dem Besitzer. Der Garten aus Birken wie im Nichts. Der Blick auf diese Küste. Wir aßen und wir redeten viel, meine Freundin und ich, normalerweise. Aber hier schwiegen wir.

Ich schlief sehr schlecht, träumte von Innsmouth, und sah Gespenster in dieser Nacht. Die Zimmer waren wie für einen russischen Winter geheizt, kochendes Wasser aus dem hitzigen Boden zirkulierte darunter. Die Luft war schlecht. Das Haus knarzte, und ich war, obwohl ostdeutscher Atheist und in keiner Weise spirituell veranlagt, davon überzeugt, dass es hier spukte. Die Isländer, sie haben viele Gespenster.

Am nächsten Morgen war der alte Mann mit dem gelben Bart verschwunden. Wir legten das Geld für die Übernachtung auf den Küchentisch.

Diese kleine Anekdote zeigt, wie sehr es wirkt, wenn wir Musik oder Hörbücher im Auto in Island hören. Irgendwann ist auf diesen Fahrten alles erzählt, egal, wie mitteilungsfreudig die Menschen sind, die gemeinsam im Auto reisen. Der überraschende Effekt des Hörens ist: Die Musik, das, was man hört, beeinflusst die Landschaft. Björk, Sigur Rós, Múm lassen das Land zerbrechlich wirken, obwohl es tödlich ist. Hörbücher füllen das Land mit Geschichten. Denn irgendwann sind nicht nur die eigenen Geschichten auserzählt, auch die Landschaft ist zu Ende gesehen. Mir geht es dann so, wie wenn man durch den Louvre spaziert und nach ein oder zwei Stunden keine Kunstwerke mehr erkennt, sondern nur noch Bilder. Es ist daher von absoluter Wichtigkeit, das Gesehene mit Musik und Geschichten zu verbinden, es zu verknüpfen.

Was ich allerdings überhaupt nicht empfehlen kann, ist TKKG in Island zu hören. Gabi, Tim, Klößchen und Karl (was macht der eigentlich in diesen Hörspielen, hat der jemals zu irgendetwas beigetragen?) sind so doof, dass sie nicht mal funktionieren, wenn das Gehirn durch konstantes 90 km/h-Fahren und urzeitliche Landschaft auf null gesetzt ist.

*Musiktipps für Island: Úlfur Úlfur # Sóley # Emmsjé Gauti # Júníus Meyvant # Björk # Vök # Emilíana Torrini # Retro Stefson # Ásgeir # Sykur # Milkywhale # Hermigervill # Wesen # Friðrik Dór # Ólafur Arnalds # Múm
Eine Playlist isländischer Musik habe ich auf Spotify eingestellt, die können Sie gerne abonnieren.*

WHALE SEARCHING – DER GROSSE TOURI-NEPP

Wer nach Island fährt, hat in der Regel im Vergleich zu anderen Urlauben wenige Ansprüche an die Reise. Menschen wollen Wale sehen. Und eine heiße Quelle. Vielleicht Nordlichter. Und nicht jeden Tag Regen haben.

Bis auf die heißen Quellen ist die Wunscherfüllung nicht immer möglich: Wale und Nordlichter sind ein saisonales Geschäft. Das ist jedoch nicht jedem Island-Besucher bewusst, denn besonders die Waltouren werden ganzjährig angeboten. Gerade in Reykjavík. Und das ist richtiger Nepp, angeboten für diejenigen, die einen Zwischenstopp machen oder für einen Kurzaufenthalt in Island sind. Und sie alle fallen darauf rein.

Es ist Betrug, wie in Paris der Verkauf von Freundschaftsarmbändern für zehn Euro unter dem Eiffelturm. Oder teure T-Shirts in New York und diese Pingpong-Shows in Bangkok. Alles vergleichbar mit Whale-Watching-Touren in Reykjavík.

Im Sommer, in den hellen Monaten, mag es sein, dass man ab und an einen Wal auf diesen Touren sieht, aber auch das ist nicht garantiert. Es mag sinnvoll erscheinen, auf ein Boot zu steigen, den Hafen Reykjavíks zu verlassen und nach Blauwalen zu gucken. Aber: Obwohl die Werbeschilder etwas anderes versprechen, wird man keinen Blauwal sehen. Manchmal gibt es Orcas oder Schweinswale, die sich in die Nähe des Landes verirren, aber das Wasser vor der Küste, dort, wo die Touristenboote entlangschippern, ist eigentlich nicht tief genug für Wale.

Ich bin ein großer Freund dieser Tiere, ich mag ihre stoische Behäbigkeit, die sie viele Stufen auf der Leiter der Evolution hat erklimmen lassen, ich mag, dass sie sehr schlau sind. Und nicht wie Schildkröten Millionen Jahre überlebt haben, weil sie einfach nur zu doof zum Sterben sind. Wale erinnern mich an meinen guten Freund in der Grundschule, den Dicken, der immer geärgert wurde. Der jetzt aber ein Internet-Start-up für Hunderte Millionen an einen Investor verkauft hat. Am Ende gewinnen immer die dicken Schlauen. So wie Wale eben.

Insgesamt sechs Mal habe ich versucht, Wale auf einer Tour von Reykjavík aus zu sehen. Ich bin morgens losgefahren, nachmittags, im Sommer, im Winter. Einmal nahm ich meine Mutter mit, und sie erbrach sich unaufhörlich in eine Tüte des Bonús-Supermarkts. Der Kapitän des Schiffs rief immer wieder, dass es »Jetzt, backbord« Wale gäbe. Mit großer Freude habe ich beobachtet, dass die Passagiere nicht genau wussten, wo backbord ist, und wild umherliefen – es ist in Fahrtrichtung links. Ein Großteil der Walsuchenden rannte auf die rechte Seite, die Fernrohre und Fotoapparate im Anschlag. Das Boot neigte sich gefährlich zur Seite, meine Mutter kotzte. Aber Wale waren nicht zu sehen. Nicht mal Papageientaucher, diese lustigen, hübschen Vögel. Obwohl der Kapitän brüllte: »Und jetzt, ein Schwarm Papageientaucher.« Nichts. Nur der saure Geruch von Erbrochenem und die enttäuschten Gesichter der Touristen.

Sechs Mal diese Tour, jedes Mal für fast hundert Euro. Mit Cola und Keksen an Bord sogar mehr als hundert Euro. Über sechshundert Euro dafür, dass ich noch nie in meinem Leben einen echten Wal gesehen habe.

Ich finde das traurig und wäre froh darüber, hätte ich mir für sechshundert Euro in Paris Armbänder gekauft, die könnte ich wenigstens verschenken.

Doch was gibt es nun für Wale um Island? Vielleicht hilft diese Liste mit Angabe der potentiellen (Un-)Möglichkeit, die Tiere bei Reykjavík zu entdecken, die Erwartungen herunterzuschrauben, vielleicht ist es klüger, sich auf eine Lieblingswalart zu beschränken? Auf einer Tour den gesamten Katalog dieser Meeressäuger abzuhaken wird auf jeden Fall nicht möglich sein.

Schweinswale (ganzjährig)

Das sind relativ kleine Wale, gerade mal bis zu zweieinhalb Meter groß. Sie fressen Fische und Krebse, manchmal auch Kraken. Bekannt sind sie für ihre plumpen Sprünge aus dem Wasser. Allerdings sind sie recht schnell und können bis zu 55 km/h schwimmen. Von ihnen gibt es viele und sie sind weit verbreitet, was dazu führt, dass Schweinswale für Touristen als Walsteak angeboten werden. Geschmacklich eher zu vernachlässigen: irgendwas zwischen Tran und alter Kuh.

Pottwale (ganzjährig)

Zwanzig Meter, fünfzig Tonnen. Mehr muss man eigentlich nicht über Pottwale wissen. Sie sind so groß, so behäbig, so besonders, dass sich Muscheln an ihrem Körper ansetzen. Sie sind mindestens so schlau wie Menschen, kommunizieren, haben Familien, haben ein Sozialwesen. Und sie tauchen extrem tief. 2015 wurde ein Pottwal an einem der isländischen schwarzen Strände angespült, rund dreißig Autominuten von Vík entfernt. Mittlerweile dürfte er vergammelt sein, die Knochen wird es aber noch geben.

Blauwale (sind eher im Sommer in Island)

Sie sind bis zu dreiunddreißig Meter lang und zweihundert Tonnen schwer. Das größte Tier, das je auf diesem Planeten gelebt hat. Ich habe noch nie einen lebendigen Blauwal gesehen, aber ich vermute, wer einen Blauwal gesehen hat, benimmt sich ähnlich seltsam wie Astronauten, die aus dem Weltraum zurückgekehrt sind. Ehrfurcht nimmt vom glücklichen Whalewatcher Besitz – und er sieht die Welt mit anderen Augen.

Hundert Jahre alt können diese riesigen Säugetiere werden, doch sie sterben aus. 350 000 von ihnen wurden im 20. Jahrhundert erlegt. Für Fett und Knochen. Heute wird ihr weltweiter Bestand auf 10 000 bis 20 000 geschätzt. Fahren Sie raus, suchen Sie diese Tiere. Bald wird es sie nicht mehr geben.

Buckelwale (ganzjährig)

Der Buckelwal ist der Star unter den Walen, er ist bis zu fünfzehn Meter groß, ziemlich verspielt und beständig singend. Das sind diese Wale, die so hübsch aus dem Wasser springen. Sie können ganzjährig im Norden von Island beobachtet werden.

Orcas (ganzjährig)

Sie sind vermutlich unter den Walen, was die Tauben unter den Vögeln sind. Weit verbreitet, selten bejagt und mit Skepsis beobachtet. Sie fressen ziemlich unangenehm das Meer ab. Was ich damit meine: brutal. Wer einmal einen »Killerwal« gesehen hat, der eine Robbe frisst, der möchte sich weinend zurückziehen. Die Chance, einen Orca zu sehen, ist besonders in Ólafsvík (Sommer) und Grundarfjörður (Winter) gegeben.

Seit *Free Willy* sind Orcas irgendwie auch Popkultur. Übrigens stammte Keiko, der Orca, der den armen, eingesperrten Willy spielen musste, aus Island und wurde auch dort wieder »ausgewildert«. Vor den Westmännerinseln wurde ihm ein kleiner Fjord abgesperrt. Dort hat er fleißig, konstant und einsam in einen Reifen onaniert und Generationen von isländischen Schulkindern traumatisiert. Als man ihn ganz freiließ, folgte er schließlich einem Boot, offensichtlich bestrebt, in der Nähe von Menschen zu sein, und starb vor der Küste Norwegens an einer Lungenentzündung.

Narwale (sehr selten)

Um diese Wale zu sehen, müssen Sie längere Ausflüge von Akureyri aus unternehmen. Sie leben nahe des ewigen Eises von Grönland und sind bezaubernd und unheimlich zugleich. Sie heißen im Übrigen Narwal, weil *Nar* das norwegische Wort für Leiche ist. Fleckig und grau ist ihre Haut, und das bis zu fünf Meter lange Horn am Kopf (Weibchen haben zwei Stoßzähne) macht sie zu mystischen Wesen, Einhörnern nicht unähnlich. Neueste Forschungen haben ergeben, dass dieser seltsame Zahn vermutlich zwei Funktionen hat: Er ist ein Sinnesorgan mit über zehn Millionen Nervenenden und wird zudem für Revierkämpfe verwendet.

Selten tauchen Narwale auch einmal vor Island auf.

Der Grönlandhai (auch Eishai)

Lahm, uralt und kaum genießbar – der Grönlandhai ist das hässliche Entlein. Und auch kein Wal, sondern ein Hai. In Island wird dieses sonderbare Wesen zu Hundefutter verarbeitet. Durch Fermentieren verschwindet das gesundheitsschädliche Trimethylaminoxid, das in in Salzwasser lebenden Tieren vorkommt. Nachdem der Fisch also vergammelt ist, kann er gegessen werden. Er schmeckt jedoch furchtbar. Glauben Sie mir. Sollte Ihnen das Tier zum Verzehr angeboten werden, zum Beispiel auf dem Trödelmarkt, der jeden Samstag und Sonntag am Hafen in Reykjavík stattfindet, verzichten Sie darauf.

Obwohl dieses Tier so unglaublich alt wird, vermutlich bis

zu vierhundert Jahre, pflanzt es sich nur sehr selten fort. Essen Sie es nicht.

Also: Whale Watching in Island ist nicht ganz einfach. Aber es gibt Orte, an denen sich die Tiere beobachten lassen. Die sind nur weiter weg von Reykjavík. Im Westen Islands, für mich einer der schönsten Flecken der Insel, gibt es ein kleines Städtchen, Ólafsvík: schmale Häuser, die sich in eine grüne Landschaft schmiegen. Lächerliche neunhundertachtzig Bewohner. Im Winter herrscht hier Ruhe, im Sommer auch. Im Rücken der schöne, der mächtige Snæfellsjökull, der Gletscher, in dem Jules Verne den Eingang zum Mittelpunkt der Erde vermutete. Von Ólafsvík aus kann man theoretisch häufig Wale sehen – allerdings habe ich auf der Snæfellsnes-Halbinsel den Blick für Wale verloren. Dort gibt es andere Dinge, die mich begeistern. Ich weiß von vielen Besuchern: Wenn Wale, dann Ólafsvík. Manchmal verirren sich Orcas in den Hafen der Stadt.

Wer Walbeobachtung und Stadtleben verbinden möchte, der muss nach Akureyri. Mit 18 000 Einwohnern ist sie die viertgrößte Stadt Islands. Hier gibt es eine Universität, also junge Menschen, und Wale. Und infolgedessen auch Touristen.

Eine Autostunde von hier entfernt liegt Húsavík. Der Ort lebt vollständig vom Whale-Watching-Tourismus. In den Gewässern rund um das Dorf geht es zu wie im Wal-Streichelzoo.

Halten wir fest: Seit über zehn Jahren fahre ich nach Island und will Wale sehen. Lebende Wale, nicht die toten, angespülten. Ich habe es noch nie geschafft. Einen Wal habe ich zum ersten Mal in meinem Leben in West-Kanada gesehen.

10 DINGE, DIE ECHT PEINLICH SIND

Das Einzige, was an »Marco Polo«-Reiseführern von Bedeutung ist, sind die »Bloß nicht«-Listen auf den letzten Seiten. Solch eine Liste möchte ich Ihnen für Island auch anbieten. Sie ist todernst gemeint, und manchmal habe ich Punkte der Liste bereits in den Kapiteln vorher oder nachher erwähnt. Aber das macht nichts. Die isländischen »Bloß Nicht's« sind von elementarer Wichtigkeit. Jeder Aspekt dieser Top Ten, der hier Berücksichtigung findet, ist durch persönliche, schmerzhafte Erfahrung gesammelt, kein zusammengegoogelter Mist. Echte Erfahrung.

1. Über Elfen sprechen

Lassen Sie das bloß, sprechen Sie Isländer nicht auf die Elfen an. Das ist peinlich. Ungefähr so wie ein Amerikaner, der Sie mit »Grüß Gott« begrüßt. Ist ja lustig, hat was mit Deutschland zu tun.

Die wenigen isländischen Freunde, die ich habe, erzählen mir, dass es nur die Deutschen sind, die nach den Elfen fragen und wirklich denken, dass Isländer an Elfen glauben. »Die deutsche Sache« wird das hier genannt.

Ja, natürlich gibt es eine Elfenbeauftragte, die eine einzige, seltsame Aufgabe hat: Sie kontrolliert (nach Gefühl), wo Elfen leben. Wenn sie welche findet, werden zuweilen deswegen Bauaufträge nicht erteilt. Ein bisschen so wie in Deutschland, wenn ein Einkaufszentrum nicht gebaut werden kann, weil auf dem Grundstück die Maulwurfsgrille lebt. Manchmal werden in Island auch Straßen nicht gebaut, wenn Elfen dafür umziehen müssten. Trotzdem: Die Touristen glauben mehr daran als die Einheimischen. Und vermutlich sind die Isländer schlau genug, diesen Elfenquatsch zu erzählen, um uns um den Finger zu wickeln. Ist ja niedlich, irgendwie. Besonders die jungen Isländer glauben nicht mehr wirklich an die Anwesenheit von Elfen, Trollen und Fabelwesen. Wer unter dreißig ist, der glaubt an Bier, Musik und Geschlechtsverkehr. Wie überall auf der Welt.

2. Sex mit Isländern haben

Rund siebzig Prozent (gelogene Statistik, das ist nur mein Gefühl) der Single-Reisenden erhoffen sich Koitus in Island. Diese Hoffnung wird jedoch enttäuscht. Denn die Isländerinnen wissen Bescheid. Die merken sofort, wenn Sie als Mann eine Frau auf der Liste haben wollen, die blond und muskulös ist. Versuchen Sie es erst gar nicht, es wird peinlich. Wie oft habe ich schon grausamen Gesprächen zuhören müssen, in denen ein Tourist einer Isländerin von der großen weiten Welt erzählen wollte, um sie von sich zu überzeugen. Die haben hier Internet, Isländer kennen die Welt. Und weil sie Internet haben, benutzen sie einfach Tinder, wenn sie Lust dazu haben. Anders ist das bei Ausländer*innen*, die sind sehr beliebt bei den isländischen Männern.

Sicherheitstipp am Rande: Reykjavík hat die größte Chlamydienverbreitung Europas.

3. Baumwollunterbekleidung tragen

Schön atmungsaktive Baumwollunterhemden und lange Unterhosen anziehen, das wurde Ihnen mit Sicherheit im Outdoor Shop in Deutschland empfohlen. Vergessen Sie es: Kaufen Sie Synthetik, auch wenn Sie stinken werden. Baumwolle kühlt Sie aus, Sie werden im Rekordtempo erfrieren.

4. Isländer wie Schweden behandeln

Schweden ist ein bisschen wie die SPD als Land. Alle duzen sich, alle sind freundlich, alle sind sehr sozialdemokratisch. Island ist nicht so. Island ist eher wie Finnland, also eine skandinavische Sowjetunion. Seien Sie höflich, versuchen Sie nicht, sich mit Isländern zu verkumpeln. Die haben da keine Lust drauf.

Außerdem: Sehr viele Deutsche leben in Island, sie geben sich jedoch zumeist nicht zu erkennen. Sollten sie es doch tun: Bitte sparen Sie sich die »Oh, das würde ich auch so gerne, Traumland, glaubst du an Elfen ...«-Ansprache. Sie ernten blanken Hass.

5. Wanderbekleidung 24/7 tragen

Sie werden sich fragen, warum Sie jedes Mal auf Englisch angesprochen werden, wenn Sie etwas bestellen oder kaufen wollen. Das liegt an Ihrer Kleidung, man erkennt Sie als Tourist. Wanderschuhe trägt in Island niemand, sondern alle unter vierzig tragen Sneaker. Alles über vierzig trägt sauteure Designerschuhe aus Festland-Europa. Sollten Sie planen, in Reykjavík auszugehen, nehmen Sie sich bitte zivile Kleidung mit. Niemand mag Geologenoutfits auf einer Party. Wirklich niemand. Auch nicht in Deutschland. Bitte lassen Sie ihre North-Face-Jacke im Schrank. Bitte!

6. Mit dem Auto vom Weg abkommen

Hören Sie auf die Warnungen des Autovermieters, fahren Sie nicht mit einem Toyota Yaris die Kieswege entlang. Sie werden stecken bleiben, das Auto wird kaputt gehen. Sollten Sie ein 4x4-Auto mieten, buchen Sie die entsprechenden Versicherungen hinzu. Es lohnt sich, denn die sogenannten

F4-Straßen – Straße ist eigentlich übertrieben, ich würde das eher als »querfeldein« bezeichnen – beinhalten im Hochland das Durchqueren von Flüssen.

Was ich sagen will: Fahren Sie im Hochland niemals von der Straße ab. Sie werden scheitern, Sie werden Hilfe benötigen. Offroadfahren hat zudem desaströse Folgen für die Natur und wird mit hohen Geldsummen geahndet.

Sollten Sie in der Nebensaison fahren, also im Frühjahr, Herbst oder Winter, schließen Sie eine Sandsturm-Versicherung ab. Besonders im Süden, um Vík herum, fegt der Wind den schwarzen Sand vom Strand über die Straße und schmirgelt Ihr Auto ab. Das passiert wirklich und ist keine Quatsch-Erfindung einer Versicherung.

Übrigens: Wenn Sie an den Sehenswürdigkeiten aus Ihrem Auto steigen, machen Sie immer nur eine Tür auf. Öffnen Sie nie zwei Autotüren gleichzeitig. Der Wind wird eine abreißen und einen Rentner, der vor Ihnen parkt, erschlagen.

7. Wal essen

Machen Sie es nicht. Ich weiß, ich habe es selbst probiert. Und das war dumm von mir. Die Schweinswale werden nur für Touristen geschlachtet. Und für japanische Forscher, die aber irgendwie alle in der Nahrungsmittelindustrie arbeiten. Denn diese Forschungswale werden dann, in Japan, auf dem Markt verkauft.

Solange Touristen Wal essen, werden Wale getötet. Wenn Sie unbedingt wollen, machen Sie es an einem dafür geeigneten Ort. Im Restaurant »Sea Baron« am Hafen von Reykjavík beispielsweise, das ist zwar eine blöde Touristenfalle, aber das Essen schmeckt dort wirklich gut.

Noch heikler: Gespräche über Walfang in Island. Vermeiden Sie es. Versuchen Sie nicht, den Isländer davon zu überzeugen, dass Walfang schlecht ist. Das nervt. Der Isländer versucht Ihnen ja auch nicht die Autobahn ohne Geschwindigkeitsbegrenzung auszureden.

8. Heiße Quellen verraten

Sie finden eine versteckte heiße Quelle, machen Fotos, speichern die GPS-Daten, posten Sie auf Facebook. Nein, tun Sie das nicht, es sei denn, Sie wollen, dass nächstes Jahr die Touristenbusse dort halten.

Heiße Quellen und deren Koordinaten sind echte isländische Geheimnisse. Gehen Sie respektvoll mit ihnen um. Und bitte lassen Sie keinen Fäkalienhaufen vor Ort. Sie lachen vielleicht, aber neuerdings tauchen bei bekannten heißen Quellen vermehrt graphisch gut umgesetzte Warnschilder auf, die genau das verbieten.

9. Vögel anfassen

Tiere, die größer sind als Flechten, sieht man selten in Island. Manchmal aber doch. Vögel bitte nicht anfassen, die werden sonst krank und rotten dann ihre ganze Sippe aus. Das Erstaunliche an dieser Information: Sie ist ein echter Hinweis der isländischen Tourismusbehörde. Ich frage mich immer: Wer fasst denn Vögel an? Und wie? Und warum? Rätselhaft, diese Touristen.

10. Mit Badesachen duschen

Ein Poolbesuch gehört zu jedem Islandtrip dazu. Aber probieren Sie bloß nicht, ungeduscht in das Schwimmbecken zu steigen. Ein Mitarbeiter oder die anderen Gäste werden Sie sehr unfreundlich darum bitten, sich vorher gefälligst nackt auszuziehen und gründlich zu waschen. Diese Erfahrung ist sehr viel beschämender, als sich einfach anzupassen und nackt, mit dem Handtuch über der Schulter, zur Dusche zu schlendern.

Das müsste man vor allem mal den weinenden, zitternden amerikanischen Teenagern vermitteln, die man regelmäßig in mehrere Handtücher eingewickelt vor den Duschen trifft.

ALTER, WIE REIST DU DENN?

Ich kann nicht mehr«, sagt Rosemarie. Ihr Gesicht ist wütend verkrampft und wirkt zugleich erschöpft. Ein Ausdruck, den nur die Alten beherrschen. Die Hände hat sie tief in den Taschen vergraben. Ihre Nase läuft, es ist kalt. Und ich treibe sie an. »Gleich haben wir es geschafft«, lüge ich, denn ich habe keine Ahnung, wo genau der tote weiße Wal liegt, der hier angespült worden sein soll. Der Wal, von dem mir eine Einheimische erzählt hat. »Guckt ihn euch an, es bringt Glück«, hat sie gesagt, und: »Nur zehn Minuten Fußmarsch!« Ich überrede meine rund zwanzig betagten Mitreisenden, den warmen, sicheren Bus zu verlassen und das Tier zu suchen. Ein Wagnis einzugehen. Etwas zu erleben, das nicht auf unserem Reiseplan steht.

Nun laufen wir schon ungefähr eine Dreiviertelstunde über einen schwarzen Strand im Süden Islands. Jeder Fleck am Horizont wird zum Wal. Jede nervöse Möwe zum Indiz. Der Wind weht scharf. Die wenigen Haare der Männer sind zerzaust, die Mützen der Frauen drohen wegzufliegen. Bei jedem Schritt sinken die Füße ein. Feuchte Luft dringt durch die Jacken. Die Laune ist wie die Temperatur, am Tiefpunkt.

»Wir schaffen das«, sage ich, muss ich ja sagen. Und plötzlich rieche ich den Tod, ein süßlicher Geruch, und in der Ferne liegt etwas, das einem großen weißen Felsen ähnelt. »Da!«, rufe ich erleichtert. Sofort löst sich die Stimmung, aufgeregt umringt die Gruppe das Tier und fotografiert es. »Traust du dich, ihn anzufassen?«, höre ich jemanden fragen, und schon beginnen alle, den Wal anzustupsen. Faszination und Ekel. Noch nie habe ich so viel Begeisterung über ein totes Tier erlebt.

Es ist nicht leicht, eine Gruppe deutscher Rentner zufriedenzustellen, doch es ist überraschend aufregend, mit ihnen zu reisen. Es ist das erste Mal, dass ich mit Menschen unterwegs bin, die dreißig oder vierzig Jahre älter sind als ich. Dabei bin ich mit meinen 34 Jahren schon viel herumgekommen. Privat und beruflich. Allein, mit Freunden, Freundin, den Eltern. Jedes Jahr suche ich neue Abenteuer: Reise nach Haiti und trinke Ziegenblut. Spaziere durch Minenfelder in der Westsahara, fahre mit dem Motorrad durch Laos. Und erzähle danach von den großen Aufregungen meines Reiselebens.

Doch womöglich, dachte ich kürzlich, als ich im Amazonas-Regenwald in der Hängematte schaukelte, liegen die großen Abenteuer nicht nur in fernen Ländern. Und wie lange kann ich solche Touren überhaupt noch machen? Vielleicht sollte ich mal eine Reise in meine eigene Zukunft unternehmen – mit alten Menschen. Dann weiß ich: So werde ich mal reisen, so werde ich mal sein. Und kann mich fragen: Möchte ich so werden?

Studiosus bietet solche Touren an. Natürlich heißen sie nicht: »Reisen in die eigene Zukunft«. Und auch nicht: »Reisen mit Rentnern«. Doch wer bei einem Studienreisen-Anbieter bucht, ist oft automatisch mit Senioren unterwegs. Der Altersdurchschnitt ist wenigstens über fünfzig, meist zwischen sechzig und siebzig. Zumindest, wenn man Ziele wie Island anvisiert. Die skandinavischen Länder haben eine besondere Anziehungskraft auf ältere Reisende: Nie zu heiß, der Komfort ist vergleichbar mit dem in der Heimat und die Durchfallerkrankungswahrscheinlichkeit gering. Klar, dorthin reisen auch junge Menschen, trinken in den Bars von Reykjavík schmallippig übertreuerten Alkohol; die fahren aber nicht in Funktionskleidung an stürmische Strände. Dort trifft man nur den Gymnasial- oder Hochschullehrer a. D.

Rosemarie, die auf der Suche nach dem Wal kurz die Nerven verliert, ist so eine Person. Graue Haare, strenge Augen, aber ein freundlicher Mund. Lehrerin war sie, im Osten Deutschlands. Sie reist mit ihrem Mann, Siegfried. Immer. Ein langer Typ, der viele Witze erzählt, von denen etliche flach sind, einige unanständig und alle lustig. Wir lernen uns am ersten Abend der Reise kennen, als die Gruppe in einer Hotellobby in Reykjavík zusammenkommt. Alle stellen sich vor: Zahnärzte, Ingenieure, Menschen mit Doktortiteln, Hoteliers, die meisten schon oder fast in Rente. Und ich. Der hibbelige Journalist mit Bomberjacke und Hosen, die auf halb acht sitzen. Ich habe keine Eigentumswohnung, keine lange Karriere und wenig Lebenserfahrung vorzuweisen. Und frage mich plötzlich, wie ich in diese Gruppe passen soll. Ob die denken, dass ich ein Erbschleicher bin?

Der Reiseleiter bittet uns zu Tisch, es gibt Krabbensuppe und Lammfilet. Rosemarie, die neben mir Platz genommen hat, scheint mein Unbehagen zu spüren. »Und?«, fragt sie. »Wie finden Sie Island im Winter?« Ich war schon neunmal hier, aber nie um diese Jahreszeit – Rentner reisen gern außerhalb der Saison, auch wenn die Sonne um 11 Uhr auf und um 15 Uhr untergeht. Zögernd blicke ich hinaus in die Dunkelheit. »Gemütlich«, sage ich. Rosemarie nickt. Und schon bald gehen wir über zu anderen Themen, Deutschland, Dresden, Pegida, Flüchtlinge und die Qualität des Essens. Am Ende des Abends fühle ich mich wie am zweiten Weihnachtsfeiertag, wenn man mit älteren Verwandten zusammensitzt und über alles plaudert, was keine Dringlichkeit hat.

Am nächsten Morgen ist es vorbei mit der Gemütlichkeit. Während ich auf Reisen mit Freunden bis zwölf Uhr mittags schlafe, heißt es hier um halb sieben aufstehen und um acht Uhr frühstücken. Nach einer Rundfahrt durch Reykjavík besuchen wir das Nordlicht-Zentrum am Hafen. Immerhin nennt sich unsere siebentägige Reise »Polarlichtsaison auf

Island«. Vorsorglich knipst Siegfried die großen Poster an den Wänden. »Falls wir keine Nordlichter sehen, kann ich zu Hause trotzdem so tun, als hätten wir welche gefunden«, sagt er lachend.

Am anderen Tag beginnt unsere Bustour, die uns in mehreren Etappen in den Süden Islands und wieder zurück führen wird. An den Fenstern ziehen dampfende Mondlandschaften vorbei, geothermische Felder, deren Schwefelgeruch an faule Eier erinnert. Alle blicken fasziniert nach draußen und fotografieren durch die Scheiben, an denen getrocknete Regentropfen kleben. »Auf anderen Reisen werden die Scheiben abgewischt«, murrt jemand.

Wir kommen durch weite gelbe Ebenen, auf denen schmalschultrige Islandpferde weiden. Sie stehen am Straßenrand, kauen und frieren. Wir halten an Wasserfällen, die unsere Kleidung durchnässen. Und gehen in ein weiteres Museum, diesmal im Örtchen Skógar.

Dort erfahren Rosemarie, Siegfried und ich, dass man in Island bis vor hundert Jahren noch lebte wie bei uns im Mittelalter. Ärmlich. Dreckig. In muffigen Torfhütten. Das Land hatte keinen Anschluss an die europäische Wirtschaft, an die industrielle Moderne. Der wichtigste Besitz eines Isländers waren schöne Holzlöffel und Walöl zum Heizen. Der Reichtum kam erst mit dem kommerziellen Fang und Export von Fisch.

»Ich war so oft in Island«, sage ich beschämt zu Rosemarie, »aber ich wusste nichts über die Geschichte.« Jetzt lacht Siegfried. »Sie mussten wohl erst mit den Alten herkommen, um was zu lernen«, sagt er. Leider hat er recht. Auf früheren Reisen habe ich mir Museen immer für den letzten Tag vorgenommen und es dann doch nicht geschafft.

Ich laufe mit hinter dem Rücken verschränkten Armen durch die Ausstellung. Denke nach: Meine Reisepartner, sie sind hier, weil sie etwas lernen wollen. Auch ich habe immer von mir behauptet, dass ich auf Reisen andere Kulturen kennenlernen will. Es bedeutete: deren Alkohol trinken – und ansonsten meinen eigenen Film fahren. Liebeskummer vergessen. Oder herausfinden, was ich beruflich machen möchte. Oder fliehen vor Entscheidungen, dem sogenannten Ernst des Lebens, indem ich in New York zwischen fremden Menschen tanzte oder in Moskau auf Dächern herumkletterte und den Nervenkitzel suchte.

Siegfried und Rosemarie hingegen möchten wirklich etwas lernen. »Ich will die Kultur verstehen, Dinge sehen, die ich noch nicht kenne«, hat Siegfried gesagt. Alte Leute wollen ein Land begreifen und Wissen mit nach Hause nehmen, um ihren Alltag zu bereichern. Vielleicht wollen manche sich auf Reisen auch beweisen: Wir sind nicht alt, nur weil wir nicht mehr arbeiten. Und wenn sie vor etwas fliehen, dann jedenfalls nicht vor dem Leben, höchstens vor dessen drohendem Ende.

Wenig später lerne ich eine weitere Rosemarie kennen. Während die anderen schon wieder zu einem Wasserfall laufen, sitzen wir zusammen auf einer Bank in der Natur und warten. Wir haben keine Lust mehr auf Wasserfälle, irgendwie sind ja doch alle gleich. Die zweite Rosemarie ist eine herzlich anpackende Person. Sie arbeitet bei Airbus, die Rente ist nah. Als Einzige trägt sie keine Funktionskleidung, sondern Mode, die Münchner anziehen, wenn sie im Winter auf Terrassen vor Restaurants sitzen wollen.

Rosemarie erzählt mir von ihrem Mann, ein guter Typ muss er gewesen sein. Und ein manischer Arbeiter, der jahrzehntelang für seinen Job lebte, genau wie sie. Kurz vor der Rente starb er unerwartet. »Zu viele Zigaretten, zu ungesund gelebt, zu viel Stress«, sagt sie. Dann wird sie still.

»Als er starb«, fährt sie schließlich fort, »musste ich raus, erst da fing ich an zu reisen.« Davor war keine Zeit: Arbeiten. Schlafen. Arbeiten. Sparen. Arbeiten. Sterben. Sie erzählt mir ein Leben, vor dem wir uns alle fürchten, das die meisten von uns aber führen. Rosemarie ist eine Warnung. Weil auch ich die Erfüllung meiner Träume immer wieder auf später verschiebe – etwa den vom Baumhaus in Brandenburg, das ich so gern bauen würde.

Für Rosemarie war der Tod ihres Mannes eine Zäsur. Im Job nahm sie sich eine Auszeit und lebt jetzt ihren Traum vom Reisen: »Auf Morgen warten ist nicht klug. Später ist vielleicht zu spät.« Das klingt wie die Sprüche, die manche Leute mit ihren Freunden auf Facebook teilen. Aber Rosemarie kann diese Weisheit mit ihrem eigenen Leben belegen, das macht sie glaubwürdig.

»Mist«, sagt Rosemarie, »wir hätten schon längst beim Bus sein müssen!« Wir beeilen uns, aber trotzdem warten schon alle auf uns und blicken streng. Das ist eines der wenigen Dinge, die alte Menschen verlässlich aus der Fassung bringen: Unpünktlichkeit. Nur Siegfried lacht mich an und tippt mit dem Finger an seine Schläfe: »Als hätten die hier Termine«, flüstert er mir zu.

Wir übernachten im Dörfchen Vík, dem südlichsten Ort der Insel. Ein verschlafenes Nest mit nur einer großen, ewig nassen Straße. In den nächsten Tagen erleben wir auf der Weiterfahrt einige der großen Sensationen des Landes: den Vatnajökull, den zweitgrößten Gletscher Europas, von dessen Zunge Eisberge krachend in den See Jökulsárlón brechen und von dort in den eisigen Ozean treiben; die schwarzen Strände, mit oder ohne toten Wal einzigartig; die unwirkliche Steilküste von Dyrhólaey mit schwarzen schroffen Felsen, geschliffen vom Meer.

Unsere Tour ist wie ein barockes Gedicht komponiert, nach strengen Regeln: früh aufstehen, nicht zu lange fahren, aussteigen, besichtigen, zehn Minuten vor Abfahrt wieder am Bus sein, weiter. Alles funktioniert nach einem festen Reiseplan, dessen Punkte genau eingehalten werden. Alles ist vorhersehbar: Ich weiß, wann was kommt.

Doch mein Bedürfnis nach Aufregung und spontanen Erlebnissen tritt ohnehin nach und nach in den Hintergrund. Siegfried, die beiden Rosemaries und die anderen – sie sind nicht nur meine Reisebegleiter. Sondern Entdeckungen, mein Abenteuer. Sie haben so viele Geschichten zu erzählen. Von der Burg, die Siegfried sich mal gekauft hat, obwohl das im Osten eigentlich nicht ging, weil jedem alles gehörte, aber niemand etwas besitzen durfte. Von Partys in den sechziger Jahren, auf denen unendlich viel geraucht, getrunken und »geschmust« wurde. Von Träumen, die die Menschen in einem geteilten Deutschland hatten, und von den Versuchen, sie zu erfüllen. Es ist, als sei jeder meiner Mitreisenden ein eigener Roman, den ich nebenher vorgelesen bekomme.

Am vorletzten Tag sind wir wieder in der Nähe von Reykjavík und machen einen Ausflug zum Nationalpark Thingvellir. Eine Gegend, die durchzogen ist von gigantischen Felsspalten und Rissen, weil hier die europäische und die amerikanische Kontinentalplatte auseinanderdriften. Anschließend halten wir am Thermalbad Fontana in Laugarvatn, lassen uns im heißen Wasser treiben. Ich schaue in den dunklen Himmel und werde plötzlich etwas wehmütig: Morgen ist die Tour vorbei. Und obwohl Siegfried und ich uns versprochen haben, in Kontakt zu bleiben, weiß ich, das wird nicht passieren. Die Unzuverlässigkeit von Reisefreundschaften kennt kein Alter.

Dabei habe ich einen guten Kumpel in ihm gefunden. Es spielte keine Rolle, dass er mit mir nicht über Björk reden konnte. Er sprach mit mir über Lessing. Und ich kann mir nur wünschen, später mal so zu werden wie er und wieder so zu reisen. Denn diese Tour nach Plan mit Menschen, die nicht mehr auf der Suche sind, sie hat etwas Seltsames mit mir gemacht. Zum ersten Mal seit Jahren fühlte ich mich sicher auf einer Reise. Und es stellte sich etwas ein, das mir bisher unbekannt war: Ruhe. Entspannung.

Am letzten Tag spazieren Siegfried und ich auf der Kaimauer eines Fischerdörfchens nahe dem Flughafen Keflavík. Die Sonne scheint, trotzdem ist es eisig. »Sind Sie traurig, dass wir am Ende gar keine Polarlichter gesehen haben?«, frage ich. »Wollen wir uns nicht duzen?«, antwortet er. In den letzten Stunden legen wir das Förmliche ab.

»Das mit den Polarlichtern ist egal«, sagt er. »Die Reise war einwandfrei, außerdem haben wir was viel Besseres entdeckt.« Er holt seine Kamera aus der Tasche und klickt auf dem Display durch alle Fotos unserer Tour. Auf einem bin ich, mein Slip guckt aus den Jeans. Dann der schwarze Strand, über den ich die Gruppe getrieben habe, obwohl er nicht auf ihrem geliebten Reiseplan stand.

»Und das hier dürfte ein Walpenis sein«, sagt Siegfried und zeigt auf einen grauen Schlauch, der im Sand liegt. »Habe ich fotografiert. Für die Enkel. So was sieht man ja nicht alle Tage.«*

---

* Rentner bildeten lange Zeit die Hauptzielgruppe für Islandreisen. Wie es sich anfühlt, mit ebendiesen Rentnern unterwegs zu sein, habe ich für die ZEIT aufgeschrieben. Dieses Kapitel erschien unter dem gleichnamigen Titel »Alter, wie reist du denn?« als Artikel in: DIE ZEIT, Nr. 3 (14.01.2016), 56/57, und wurde unverändert übernommen. Ich bedanke mich für die freundliche Abdruckgenehmigung.

FRÜHLUNG, SOMMER, HERBST UND WINTER – ISLAND GEHT IMMER

Für einen Menschen, der Island besuchen will, ist doch die elementare Frage: Wann? Vor hundert Jahren hätte man gesagt: nie. Vor zwanzig Jahren: nur im Sommer. Vor fünf Jahren: im Sommer oder im Frühling. Mittlerweile wird Island das ganze Jahr über bereist. Die Straßen werden im Herbst und Winter vom Schnee befreit und der Toyota Yaris, den hier alle Touristen fahren, wird einfach durch einen Suzuki Jimny ersetzt. Ich gebe also zu, die perfekte Jahreszeit herauszupicken, um nach Island zu fahren, ist schwierig. Grundsätzlich kann ich sagen: Erstbesucher, bitte immer im Sommer herkommen.

Sommer

Diese Empfehlung ist gleichzeitig das Problem am Sommer: *Alle* kommen her. Die kleine Insel ist dann überlaufen von Touristen, die in warmer Kleidung um die Insel toben. Im Sommer kann es tagsüber schon mal siebzehn Grad warm werden und das fühlt sich hier wie vierzig Grad im Schatten an. Die Isländer laufen in kurzen Höschen durch die Stadt, gehen im Meer baden. Und essen Softeis. Wie bei uns im Sommer, wie in Brandenburg. Der einzige Unterschied ist: Es wird hier nie dunkel. Das führt zu äußerst aggressiven Touristen. Sie kommen her und stellen fest, dass die Rollos in ihren Hotelzimmern lichtundurchlässig sind. Die meisten, die zum ersten Mal den Polartag erleben, empfinden ihn als Folter durch Schlafentzug. Die Isländer hingegen blühen auf wie ihre Lupinen. Im Sommer sind die Schulen geschlossen, damit das Licht für schöne Unternehmungen genutzt werden kann. Die Kinder sollen auf dem Feld arbeiten, die staatlichen Beete begärtnern, in den Jugendherbergen helfen, Schafe auf die Weide treiben, Touristen um den Golden Circle jagen. Schöne Sommerbeschäftigungen eben.

Die ersten Male bin ich immer im Sommer nach Island gefahren, habe nachts um eins Fotos am schwarzen Strand von Vík aufgenommen und war von der somnambulen Stimmung aufgezehrt. Vierzehn Tage Island im Sommer fühlen sich an wie vierzehn Tage durchmachen. Die Augen immer halb geschlossen, das Sonnenlicht von einer strahlenden Helligkeit, ab 23 Uhr abends bis vier Uhr morgens, vergleichbar mit einem ewigen Nachmittag. Bis sie wieder aufgeht und den wenigen Lebewesen dieses Landes den Schatten nimmt.

Der Sommer in Island ist besonders, er ist einzigartig auf dieser Welt. Der Polartag ist eine Sehenswürdigkeit wie die Geysire, wie die Lichter am Nachthimmel, wie der Papageientaucher. Doch fühlt er sich an wie ein Besuch auf Schloss Neuschwanstein am Wochenende. Es ist voll, schon lange kein Geheimtipp mehr, da gibt es nichts, das man intim erleben kann. Vor fünf Jahren noch konnte man im Sommer ohne Reservierungen durch das Land fahren, und es konnte einem trotz des langsam erwachenden Interesses an Island passieren, im Juli alleine in einer Jugendherberge zu übernachten. Trotzdem sprachen die Isländer von vielen Besuchern.

Es war auch möglich, sich nackt neben einen Geysir zu stellen, um bescheuerte Fotos zu machen. Heute geht das nicht mehr. Heute ist Island im Sommer voll.

Sollten Sie in dieser Jahreszeit reisen, rufen Sie frühzeitig an, reservieren Sie schnell ein Bett, denn die sind schnell ausgebucht. Oder campen Sie auf eigene Gefahr und vergessen Sie nicht: Nacktbilder in Island sind nicht mehr möglich.

Das ist schade, denn die Magie dieses Landes ergibt sich

aus seiner Leere. Aus dem Lärm des Windes, der Möwen und der Wellen. Wer im Sommer fährt, hört nun die Stimmen der Deutschen, der Niederländer, der Spanier, die aufgeregt versuchen, bei Jökulsárlón Fotos vom sommerlichen Blau des Gletschers zu machen. Island ist ein beliebtes Reiseziel geworden und nicht länger nur ein Traum vieler Menschen. Damit hat es seine größte Attraktion verloren: die Einsamkeit.

Herbst

Jetzt ist es besonders windig. Die Menschen ziehen sich, gemeinsam mit ihren Schafen, zurück in ihre Häuser. Island im Herbst ist wie Venedig am Abend. Die Touristen sind weg, das Land atmet kurz auf. Durch das Fehlen von Laubbäumen gibt es keinen Indian Summer, aber die Wiesen, sie sind noch grün, das Tageslicht ausreichend. Wer Island im Herbst erlebt, stellt schnell fest: Es ist ein Land kurz vor dem Mittagsschlaf. Das Licht der Sonne ist warm und reicht noch über die Berge. Es ist keine schlechte Jahreszeit, um zu fahren.

Winter

Ich bin für dieses Buch im Winter nach Island gefahren. Im Herbst war ich zuvor dort, im Frühling und natürlich im Sommer, aber den Winter, den habe ich immer ignoriert. Weil die allgemeine Vorstellung auch meine ist: Im Winter ist es dunkel in Island. Immer. Das ist zum Glück falsch, und daher ist der Winter eine gute Jahreszeit für erfahrene Islandreisende. Denn das Land legt sich schlafen. Es ist ruhig, der Schnee dämpft alles. Island im Winter ist eine einzige Müdigkeit. Eine schwere Erschöpfung, die Reisende und Isländer gleichermaßen trifft. Sie kann verflucht werden, aber auch genossen. Reykjavík ist jetzt ruhiger, das Hinterland nicht mehr zu bereisen, weil die kleinen Straßen grundsätzlich gesperrt sind. Für mich ist die Vorstellung, in einem kleinen Dorf an der Atlantikküste eingeschneit zu werden, beruhigend. Nicht beängstigend.

Die Tage im Winter haben klare Grenzen. Von elf bis sechzehn Uhr gibt es Licht, der Rest: tiefste Dunkelheit. In dieser Zeit bewege ich mich durch das Land, sitze mit Jacke im Auto, habe die Klimaanlage auf tropisch eingestellt und rede so lange nicht, bis mein Mund trocken ist. Die Hotels sind leer, und die Mitarbeiter wirken immer wie gerade geweckt. Ein Land im Winterschlaf, wie ein Igel, der kurz aufschreckt, und dann wieder einschläft. So fühlt es sich an. Es gibt nichts zu erleben, also kann nichts verpasst werden, und das macht für mich den Reiz aus, die Schönheit, in dieser Jahreszeit nach Island zu reisen.

Island ist jetzt noch entspannter. Und das überträgt sich auf die Besucher, auf mich. Mir gefällt das, ein köstliches Gefühl von vergänglichem Weltschmerz macht sich während der Dunkelheit breit. Ich weiß, es hört auf, sobald die Sonne wieder scheint. Um zehn Uhr morgens ist es noch dunkel, um sechzehn Uhr verschwindet das Licht wieder hinter der Kante am Horizont. Sechs Stunden am Tag haben Isländer und Touristen Zeit, Vitamin D zu tanken. Da helfen nur Lebertrantabletten als Zusatz.

Sie, die Touristen, können wieder weg, zurück nach Deutschland, die Isländer müssen bleiben. Und das sieht man ihnen an. Augenringe, blasse Haut, die bei kleinster Sonneneinstrahlung vermutlich sofort Blasen wirft. Aktivitäten finden drinnen statt. Basketball, Filme, Lesen. Island wird zum Innenland, während der Wind über die Berge fegt. Ein Draußen gibt es nur noch im Pool, die Haare gefrieren dabei auf dem Kopf. Es ist die Zeit von Netflix und Geschlechtsverkehr.

Frühling

Der Frühling beginnt in Island mit Selbstmorden, die höchste Rate an Selbsttötungen gibt es im März. Das hat einen einfachen Grund: Im Winter ist es so dunkel, so ermüdend, dass niemand die Kraft hat, sich zu erhängen. Im März, wenn das isländische Jahr wieder losgeht und die Energie zurückkommt, reicht sie für einen Selbstmord. Oder eben nicht. Dann wird weitergelebt.

Der Frühling in Island ist landschaftlich gesehen unspektakulär, da es hier kaum Pflanzen gibt, die blühen können. Die wenigen über das Land verstreuten Nadelbäume sind knorrig und traurig. Die Birken machen den Kohl auch nicht fett. Wäre es möglich, würde ich, und vermutlich die Isländer auch, den Frühling zum Winter hinzufügen.

Zu allen isländischen Jahreszeiten gehört der Wind. Es stürmt selbst im Sommer, und die kleinen Mietwagen wackeln in den Fjorden. Campingwagen heben ab und landen im Meer oder auf der anderen Seite eines Zauns. Trampoline im Garten haben ab September das Gefahrenpotential eines Wurfgeschosses. Wer keinen Wind mag, darf nicht nach Island fahren.

DER NORDEN – MÄCHTIG, GNADENLOS UND LEER

Ich habe Angst vor dem Norden Islands. Habe ich wirklich. Ich meide ihn sogar, denn die Berge hier sind so mächtig. Die Landschaft ist weit, aber nicht friedlich, sondern gnadenlos. Sie ist gewaltig. Die Berge schneiden sich ins Land, die Spuren der Hitze aus dem Inneren der Erde sind sichtbar, die Schichten graben sich bis hoch in die Berggipfel. Kein Baum, kein Grün, nicht mal Moose schaffen es hier, sich an das Vulkangestein zu klammern.

Der Norden ist leer. Allerdings gibt es viele Pferde, die die Straßen überqueren und gelegentlich von unaufmerksamen Autofahrern überfahren werden. Unter den wenigen Menschen, die hier leben, sind überraschend viele Frauen aus Deutschland. Ich dachte immer, dies sei ein Zufall. Ist es aber nicht. Die deutschen Frauen kommen her, um mit Islandpferden und schweigsamen Farmern das unkomplizierte Leben zu genießen. Das haben sie mir erzählt – mehr dazu in der Infobox.

Die Route 1 ist eine lange, einsame Straße. Der Fuß auf dem Gaspedal ist müde, wenn man den Norden erreicht hat, der andere schwebt über der Kupplung und ist schon eingeschlafen. Geschaltet werden muss hier sehr selten. Kaum Kurven, es geht, kurz nach Borgarnes, hoch ins Gebirge. Es ging dort für mich ins Gebirge, und ich wurde erst wieder ausgespuckt, als ich auf der Ostseite in Seyðisfjörður herauskam. Das ist der Norden.

Weiter geht es durch die unwirkliche Landschaft, in der niemand Städte baut. In denen es sich nicht lohnt, anzuhalten. Außer natürlich, man interessiert sich für Islandpferde.

Wer auf dem Rücken dieser Pferde reiten möchte, muss nach Skagafjörður. Dort ist das Epizentrum der Hutzelpferdezucht. Ich wollte nie reiten.

Deutsche stehen auf Islandpferde, und deutsche Frauen sind stur genug, aufgrund ihrer Liebe zu den kleinen Zottelwesen mit den hübschen Gesichtern nach Island zu ziehen. Sie kommen als Sommerarbeiterinnen auf die Farmen in der Gemeinde Skagafjörður. Sie kommen für einen Sommer, im zweiten Sommer kaufen sie sich ein Pferd und sprechen schon fließend Isländisch. Im dritten Sommer bleiben sie bis in den Herbst. Und spätestens im vierten Sommer bandeln sie mit einem Farmer an. Dann wird der Hof touristengerecht gemacht, und die Frau verkauft den isländischen Traum an andere deutsche Frauen, die zu ihr in den Reiturlaub kommen. Dieses Modell funktioniert seit gut zwanzig Jahren, und bald sind vermutlich alle Farmersfrauen in Skagafjörður deutscher Herkunft.

Was sich, auch für mich, im Norden lohnt, ist: Akureyri. Eine kleine Stadt, winzig, wie eine Zwergenvariante von Reykjavík. Sie liegt fünfzig Kilometer südlich des nördlichen Polarkreises (es gibt Bootsfahrten dorthin, falls Sie mal eine Geschichte für die nächste Weihnachtsfeier brauchen). Und trotz der Winzigkeit ist sie die viertgrößte Stadt der Insel. Sie ist wohl auch die einzige Stadt Islands, in der man sich nicht wie auf einem Militärstützpunkt fühlt.

Wer nicht im Sommer reist, wird Akureyri durch die lange

Anfahrt durch das Gebirge im Dunkeln erreichen. Es wirkt so beschaulich und verwunschen, als würden hier all die Geschenke für Weihnachten gebastelt. Überraschend viele Einkaufszentren findet man hier, und eine winzige Einkaufsstraße. Es ist gemütlich, dieses Städtchen, gelegen am Meer an einem Fjord. Hier kann man gut zwei Tage bleiben, eine Walexpedition machen (was nicht unbedingt beinhaltet, dass man tatsächlich Wale sieht) und in einem der zahlreichen Studentencafés aus dem Fenster starren und teures Gebäck essen.

Der Aufenthalt lohnt sich besonders, weil rund um Akureyri die meisten Islandbesucher auf ihrer Tour feststellen, dass sie eigentlich die ganze Zeit im Auto sitzen. Hier haben Touristen ihr erstes Island-Tief. Auch ich hatte das. Diese ewige Flucht vor dem schlechten Wetter. Die Landschaft ist leer geguckt, der Kopf hat sich an diese Natur, an dieses Einmalige gewöhnt. Zart klopft die Langeweile während der stundenlangen Autofahrten an. Und ein schlechtes Gewissen. Denn niemand traut sich, Island langweilig zu finden. Doch es ist okay. Es ist normal, Island auch mal langweilig zu finden.

Glauben Sie mir, die erneute Sehnsucht nach diesem Land, nach dieser Landschaft, nach dieser Ruhe und Weite kommt, wenn Sie wieder zu Hause sind. Nutzen Sie das Tief, bleiben Sie, ruhen Sie sich aus. Sehen Sie sich noch mehr Wasserfälle an. Aldeyjarfoss und Goðafoss, zum Beispiel. Fahren Sie nach Ásbyrgi, die Schlucht, die durch den Hufabdruck von Odins Pferd Sleipnir entstanden ist, wie die nordische Mythologie berichtet. Basaltgestein, Wasser und Einsamkeit, so weit das Auge reicht. Die Dichte an Touristen ist in dieser Region gering. Und der Kopf leer.

Wintersport wird immer wichtiger für Island. Da der Tourismus inzwischen das ganze Jahr über auf Hochtouren läuft, stellt sich auch die Ski-Industrie darauf ein. Busse fahren zu den Liften, und der Skiverleih liegt direkt am Berg. Den besten Ausblick beim Skifahren bietet Dalvík. Das Dorf liegt eine halbe Autostunde nördlich von Akureyri in einem Fjord. Wer oben auf der (immer) leeren Piste steht, kann mit etwas Glück Wale im Fjord beobachten.

DOPPELSTOCKBETT, ZELT ODER LUXUSSUITE – ÜBERNACHTEN IN ISLAND

In den letzten zehn Jahren hat sich Island durch seine Besucher enorm verändert. Nicht nur die Städte sind größer geworden, auch der Flughafen in Keflavík ist gewachsen. Das Land ist nicht vorbereitet auf so viele Touristen. Es ist, und das schien mir kaum möglich, regelrecht voll. Als ich im Februar 2006 mit dem Auto von Reykjavík nach Akureyri gefahren bin, habe ich an der berühmten Tankstelle in Borgarnes einen Kaffee geschenkt bekommen. Weil niemand sonst vorbeikam im Winter, schon gar keine Touristen. Das würde heute, zehn Jahre später, nicht mehr passieren. Weil ganze Massen von Touristen auch im Winter an der Tankstelle halten.

Island ist ein bisschen wie Nordkorea, was den Tourismus betrifft. Es verändert sich rapide, und ich rate Ihnen: Fahren Sie jetzt. Morgen ist alles vorbei, morgen ist all das nicht mehr da, weswegen die Menschen in dieses Land fahren. Davor fürchten sich auch die Isländer.

Was sich allerdings kaum verändert, sind die Unterkünfte. Früher ging unter international Reisenden das Gerücht um, man müsse in Island in Schulen übernachten. Das war, bevor uns TripAdvisor jedwede Form von Aufregung durch Unkenntnis nehmen konnte, bevor Airbnb kleine Hotels mit breiter Sharing-Faust zerschlug, bevor Google Maps jeden Weg vorab sichtbar machte. Das stimmte allerdings damals nicht und stimmt auch heute nicht. Es gab und gibt grundsätzlich drei Möglichkeiten, in Island zu übernachten: Jugendherbergen, Edda Hotels und Zelten. Mehr nicht.

Na ja, das stimmt nicht ganz. Natürlich gibt es jetzt beispielsweise in Vík ein Luxushotel, aus gewaschenem Beton, mit großen Fenstern, die einen Blick auf das schwarze, tödliche Meer ermöglichen. Aber es gibt eben auch noch die Jugendherberge. Ein schmales Haus, aus Holz und Beton, gezimmert aus den Geschichten der Menschen, die hier geschlafen haben. Hier wird so stark geheizt, dass die Gesichter der Besucher immer rot sind, der Geruch nasser Socken hängt unverkennbar in der Luft, und die Flure sind immer voll dicht gepackter Koffer. Ein Besuch lohnt sich allemal.

Jugendherbergen sind generell schön in Island. Im Rest der Welt hasse ich sie. In Deutschland zum Beispiel gibt es diese militärische Regeleinhaltung, wichtig ist, immer ein Handtuch dabeizuhaben und nicht zu lachen. Hier, in Island, spielt das keine Rolle. Es ist nicht so steril hier. Was nicht bedeutet, dass es schmutzig ist. Es ist einfach lebendig. Weil Jugendherbergen nicht nur die günstigste Option zum Übernachten sind, sondern oft die einzige Möglichkeit. Im Sommer sind sie brechend voll, und es ist schwer, ein Zimmer zu bekommen, im Winter stehen sie (noch) oft leer. Viererzimmer zu zweit beziehen, im Doppelstockbett auf einer Etage schlafen, den anderen an sich heranziehen und in die ewige schwarze Nacht sehen? Das geht nur im Winter.

Im Sommer 2013 habe ich in der schönsten Jugendherberge Islands übernachtet, ich wusste zuvor nicht, dass sie es ist, aber ich habe es gleich gespürt. Sie steht in jedem Reiseführer, als hübsche Jugendherberge, aber nicht als schönste. Sie steht erhöht auf einem Berg in Stykkishólmur, blickt über das kleine Städtchen, über das Freibad und über die seltsame Kirche, die aussieht wie eine russische Bushaltestelle oder ein Mahnmal für verstorbene Kosmonauten. Jedes Zimmer bietet einen Blick auf das Meer, das direkt vor der Stadt liegt. Es ist so schön hier, so gemütlich, so wärmend, wie eine feste Umarmung der coolen Tante, die wir alle haben, so dass ich damals, am 21. Juni, die Sommersonnenwende verschlafen

(oben) Kurz hinter Borgarnes, Blick auf die Snaefellsnes-Halbinsel
(Mitte) Hier gibt es eine versteckte heiße Quelle. Ich verrate nicht, wo
(unten) Dyrhólaey, der schwarze Strand Islands

(oben) In der Nähe von Grundarfjarðarbær: das schönste Fleckchen Erde
(unten) Iceland Airwaves: Ein Mal im Jahr wird Reykjavík zum Festivalgelände

(oben) Am beheizten (!) Stadtstrand von Reykjavík

(Mitte) Thilo auf Party

(unten) Mit Ballonreifenwagen, die 20 Liter/100 km verbrauchen, durch die Flussbetten

(oben) 2006: Das erste Mal Gullfoss war noch aufregend

(unten) Meine Freundin und Lupinen

(oben) Könnte ich mit Moosen eine Beziehung führen, ich würde es machen

(Mitte) Faszinosum Island: Pfütze, die mit warmem Wasser gespeist wird

(unten) Fußbodenheizung für den Bürgersteig in Reykjavík

(oben) Meine Mutter auf einer Walbesichtigungstour: Wale gab es keine zu sehen

(unten) Thekla mit Pferd

(oben) Hauptbeschäftigung in Island: Autofahren

(unten) Schreiben an der Tankstelle in Borgarnes

habe. Ich wollte mich mit meiner Freundin nur kurz hinlegen, gegen achtzehn Uhr. Am nächsten Morgen um vier Uhr sind wir wieder aufgewacht. Es gleißte das gleiche Licht wie beim Einschlafen, und der Aufenthalt fühlte sich an wie ein ewiger Mittagsschlaf.

Die Edda Hotels sind sehr sonderbar. Ich weiß nicht, warum, aber irgendwie fühlt sich Island oft wie meine ehemalige Heimat DDR an. Alles ist immer nützlich. Und sieht entsprechend aus. Besonders die Edda Hotels. Im Prinzip sind sie wie Jugendherbergen, nur für alte Leute. Und bis vor kurzem waren alte Islandreisende mindestens achtzig. Alles unter achtzig war nach isländischer Rechnung also jung. Jetzt mischen sich die Reisenden, Islands Besucher sind Jugendliche. Der Mief, das Spießige, das Island lange Zeit nachgesagt wurde, ist verschwunden, existierte eigentlich nie. Man dachte: Nach Island kann man einen Abstecher machen, vor dem Tod. Wie unrecht wir all die Jahre hatten, wird jetzt deutlich. Jeder will her, jeder will nach Island, lange vor dem achtzigsten Geburtstag.

Edda Hotels jedoch haben nach wie vor Speisesäle für Achtzigjährige, Tische für vier Menschen, ordentliches Besteck, Speisewagenoptik, nichts Heimeliges, alles nur praktisch. Kleine Einzelzimmer mit steifer Bettwäsche und seltsam winzige Badezimmer. Mit Handgriffen und fehlenden Schwellen zur Dusche. Es gibt überall im Haus Geländer und Fahrstühle. Alles ist auf Durchreise und Praktikabilität konzipiert und nicht fürs Wohlfühlen.

Sie sind erheblich teurer als Jugendherbergen, fühlen sich aber für den Gast nicht unbedingt teuer an. Am besten vergleichbar sind sie wohl mit diesen Hotels, die in Deutschland an Autobahnen stehen. Nur ohne Prostitution und Truckfahrer.

Das Aufregendste an einem Edda Hotel, besonders in der Nebensaison, ist: Es mangelt nicht an Angestellten. Diese

Hotels, oft leer und gespenstig, wirken dadurch ein bisschen wie in *Shining*. Ich habe mal in einem Edda Hotel gesessen und versucht zu schreiben, alleine. Normalerweise wurden hier vierhundert Gäste bewirtet. Ich saß also dort, und ungefähr fünfundzwanzig Kellner haben mir einen Cappuccino zubereitet. Haben gefragt, was ich mache, warum ich hier bin. Wie ich Island finde. Ich habe kein Wort zu Papier gebracht, aber mich mit fünfundzwanzig Kellnern unterhalten. Das war absurd und schön zugleich. Wie so vieles in diesem Land von einer eigenen, speziellen Schönheit ist. Der Isländer, er kann über so etwas lachen, obwohl in ihm, tief verborgen, eine zermürbende Traurigkeit sitzt. Die ihren Ursprung in ebendieser Absurdität hat.

Sie sehen, selbst Edda Hotels haben etwas Schönes an sich. Sie sind teurer, sie sind nicht besser als Jugendherbergen, aber es lohnt sich, sie auszuprobieren. Wirklich.

Edda Hotels sind außerhalb der Hauptsaison Internate der weiterführenden Schulen. Jugendliche zwischen sechzehn und zwanzig machen hier ihren Schulabschluss, wenn ihre Familien zu weit von der nächsten Schule entfernt leben, um pendeln zu können. Hier werden also im Winter Kinder gezeugt und Gehirnzellen mit billigem Schnaps zerstört, und im Sommer Rentner mit verkochtem Fisch gefüttert.

Eine dritte Option der Übernachtung ist das Zelten in Island. Camping in Island ist günstig. Etwa zehn Euro kostet eine Nacht auf dem Zeltplatz pro Person.

Ich habe davon gehört, und in den Sommermonaten beobachte ich Paare auf ihren Mountainbikes, schwer bepackt mit Zelten und Nahrung. Ich habe das noch nie ausprobiert und will es auch nicht. Der Wind hier weht grundsätzlich von vorn. Es ist kalt. Und es regnet eigentlich immer über den Fahrradfahrern. Wer nass und mit schmerzenden Muskeln ein Zelt aufbauen will, bitte. Für mich ist das nichts. Und um ehrlich zu sein: Ich rate davon ab. Wer sich allerdings von seinem Partner trennen möchte, der sollte gemeinsames Zelten und Fahrradfahren in Island ausprobieren.

Was man mir aber gesagt hat: Wichtig ist eine vernünftige Ausrüstung. Investieren Sie in eine gute Isomatte. Darauf legen Sie eine Wolldecke. Dann kommt der Schlafsack, in den Sie am besten in Skiunterwäsche schlüpfen. Oben am Hals zuziehen, die Mütze nicht vergessen. So lässt sich jede Eisnacht gut überstehen. Und: Duschen Sie niemals auf dem Campingplatz, nutzen Sie dafür die öffentlichen Schwimmbäder.

Bitte campen Sie nicht wild. Es ist zwar nicht wirklich verboten, aber all die Moose und Flechten und Polarfüchse fühlen sich von campenden Touristen mindestens so gestört wie die Isländer. Die lieben das Campen sehr, man trifft immer wieder Großfamilien, die selbst die Babys mit ins Zelt nehmen. Sie sitzen dann alle nachts am Lagerfeuer, trinken Schnaps und singen Lieder.

Wer sich traut: Der schönste Zeltplatz in ganz Island ist Hamragarðar. Er liegt im Süden Islands direkt neben dem Seljalandsfoss. Der erste Blick aus dem Zelt am Morgen auf den riesigen Wasserfall gilt als einmalig.

WAS GLIMMT DENN DA? – POLARLICHTER AM HORIZONT

Die Inuit oben in Grönland und drüben in Kanada, also die Nachbarn Islands, glaubten lange, Polarlichter entstehen, wenn die verstorbenen Ahnen mit dem Kopf eines toten Wales Ball spielen. Ich mag diese Vorstellung, auch wenn ich weiß, dass es den Inuit einen gehörigen Schrecken eingejagt hat, wenn das nächtliche Ballspiel begann.

Die Wikinger hingegen, denen vor 1500 Jahren eigentlich nur Gutes widerfuhr, erkannten im Himmelsglimmen eine frohe Botschaft: Schlacht gewonnen, irgendwo auf der Welt. Das Licht der Sonne reflektierte sich in den blutigen Rüstungen. Und weil die Wikinger ständig Schlachten gewannen, war das Polarlicht für sie positiv besetzt.

Für die Isländer, früher, als sie noch nicht die Daten von Wikileaks zwischenlagerten, die Server von Reddit betrieben und den ganzen Tag nur im Internet abhingen, waren Polarlichter die Boten von Unheil. Wenn die Lichter irgendwann zwischen Oktober und April nachts aufleuchteten, wussten die Isländer: Jetzt passiert etwas Schlimmes. Und es liegt nahe, warum sie das dachten.

In dieser Zeit des Jahres, im Winter, geschehen in Island tatsächlich schreckliche Dinge: Es herrscht ewige Dunkelheit, der Vater geht im Meer verloren, die Mutter erfriert auf dem Weg zu den Pferden, die Kinder brechen im Eis ein, die Schafe verschwinden. Ich vermute, es ist schlicht einfacher, das alles den Polarlichtern zuzuschreiben, als den wahren Ursachen auf den Grund zu gehen.

Heute wissen wir, den Polarlichtern wohnt nichts Schlechtes inne, sondern eine magische Anziehungskraft. Wer nach

Island kommt, möchte Polarlichter sehen. *Aurora borealis*, so der Fachbegriff, sind elektrisch aufgeladene Sauerstoff- und Stickstoffatome in unserer Atmosphäre, auf die die Teilchen von Sonnenwinden treffen. Wenn es also auf der Sonne windet und diese elektrischen Stürme bis zu unserer Erde pusten, dann funkelt der Himmel. Sie müssen sich das vorstellen wie einen Luftballon, der auf dem Kopfhaar gerieben wird – alles aufgeladen. Die Sonne ist dabei der Ballon und die Haare die Atome im Nachthimmel. Es knistert, weil der Ballon statisch aufgeladen ist.

Diese kosmische Elektrostatik, also nicht die Ballonstatik, ist manchmal so stark, dass Flugzeuge andere Routen nehmen müssen, weil die Navigation gestört wird. Die unterschiedlichen Farben am Himmel entstehen bei verschiedenen Intensitäten dieser Strahlung und der darauffolgenden elektrostatischen Entladung.

Die verzaubernden roten, grünen oder violetten Vorhänge am Nachthimmel sind also das Ergebnis eines Sonnenwindes. Und nicht von Magie.

Es werden von verschiedenen Anbietern Island-Touren angeboten, die acht oder mehr Tage dauern und allein darauf ausgerichtet sind, die Nordlichter zu sehen. Ich kann das Bedürfnis danach verstehen, doch zugleich möchte ich eine Warnung aussprechen: So aufregend sind sie dann doch nicht, die Schlieren am Nachthimmel, die, wenn die Intensität nicht hoch genug ist, erst durch die Langzeitbelichtung einer Kamera deutlich werden. Ich weiß, ich zerstöre Illusionen und Träume, indem ich ihre Magie herunterspiele. Aber das ist nun mal die Wahrheit über Polarlichter.

Auch ich habe mit dem Auto die Dunkelheit gesucht, um diese Lichter zu sehen. Ich versprach mir viel von ihnen. Stellte es mir vor, als würde der Himmel brennen. Aber es war nie so. Und in über zehn Jahren Island habe ich nur zwei

Mal Polarlichter gesehen. Was nicht daran liegt, dass sie nicht da sind, sondern dass sie viel unauffälliger sind, als ich angenommen hatte. Sie sehen aus wie Wolken, und das Licht der Städte, selbst der kleinen isländischen, zerstört das Schauspiel der Sonnenwinde in der oberen Atmosphäre.

Es gibt jedoch bestimmte Plätze in Island, ich habe sie erst nach Jahren kennengelernt, die sich besonders gut zum Betrachten von Polarlichtern eignen. In Reykjavík ist es der Leuchtturm, an dem sich nachts *Aurora borealis* beobachten lässt, in Borgarnes ist es der Hafen, ganz am Ende des Städtchens. Im Süden, in Vík, hat man die besten Chancen, wenn man wieder zurück, Richtung Reykjavík fährt, den steilen Berg, der nach Vík führt, wieder hoch, das Auto parkt und seinen Blick auf das schwarze Meer richtet. Generell gilt: einfach hochgucken. Und wenn Sie einen grünen Schimmer sehen, ab ins Auto.

Die Jagd nach den Polarlichtern, ihnen nachzufahren, macht nämlich am meisten Spaß, viel mehr, als sie nur zu sehen, diese dünnen Bänder am Himmel. Nachts, wenn es kalt ist, noch mal aus dem wärmenden Hotelzimmer zu gehen, rein ins eisige Auto. Am besten direkt aus dem Bett, im Schlafanzug. Den Blick nach oben gerichtet, unbequem über das Lenkrad starrend, mit der ständigen Angst im Nacken, von der Bergstraße abzukommen. Es ist ein kleines Abenteuer im großen Abenteuer Islandreise. Und das macht es reizvoll.

Natürlich gibt es große Momente des Glücks, dann, wenn die Sonnenwinde nach drei bis vier Tagen Reise durchs All mit besonderer Intensität auf die Erde knallen. Dann gibt es die Feuerwerke, den hell erleuchteten Himmel und die tanzenden Bewegungen der Bänder in den schönsten Farben. Aber das ist selten, so selten, dass die Nachrichten darüber berichten, wenn es geschieht. Die Fotos, die Sie mit Ihrem Handy machen, sehen hingegen aus wie Nachtbilder aus dem

Irakkrieg. Grisselig und nichtssagend. Aber das macht nichts, Sie haben sie gesehen. In echt. Die grauweißen Bänder am Himmel.

Was ich sagen will: Bei den Fotos, den Videos, die wir überall sehen, auf den Katalogen und Websites der Bustouren und der Reiseanbieter, wird geschummelt. Mit Langzeitbelichtung und Zeitraffer. Es sieht schön aus. Aber es entspricht nicht der Realität. Das Wichtigste, das ich Ihnen mit auf den Weg geben möchte, ist daher: Stressen Sie sich nicht wegen der Lichter. Als ich zum zweiten Mal in Island war, habe ich jede Nacht damit verbracht, in den Himmel zu gucken, weil ich unbedingt Polarlichter sehen wollte. Ich habe keine gefunden und war sehr enttäuscht. Es entsprach ungefähr der Enttäuschung, die Touristen fühlen, wenn das Essen im All-inclusive-Hotel nicht schmeckt. Im Flugzeug zurück nach Deutschland habe ich ähnlich enttäuschte Gesichter wie meines gesehen. Traurige Anekdoten wurden sich erzählt, von gestellten Weckern in Hotelzimmern, hektisch über die Schlafanzughose gezogener Kleidung und Sprints, raus aus dem Hotel, rein ins Dunkle, um die Polarlichter zu sehen.

Es ist nicht schlimm, wenn Sie keine sehen. Lassen Sie sich von Polarlichtern nicht den Urlaub versauen. Und außerdem: Nur herzlose Ausländer können sich darüber freuen, wenn diese Lichter am Nachthimmel erscheinen. Immerhin bedeutet es ja, dass irgendwo auf der Nordhalbkugel dieser Erde Geister mit einem toten Walross spielen …

Sollten Sie nach meinen Ausführungen dennoch auf die Idee kommen, eine Reise nur wegen der Polarlichter zu buchen, gucken Sie jeden Tag auf diese Webseite: http://en.vedur.is/weather/forecasts/aurora/(oder googeln Sie: Northern Lights Iceland Forecast). Sie ist wie wetteronline.de, nur für Nordlichter. Aber Achtung: Das Grüne auf der Karte sind NICHT die Nordlichter, das sind die Wolken.

Was ich übrigens einmal gemacht habe, um wenigstens

meine Eltern zu verwirren: Ich bin in Reykjavík ins Polarlichtmuseum gegangen und habe Fotos von Fotos gemacht. Das sah bescheuert aus, aber Eltern merken so etwas nicht.

Buchen Sie um Gottes willen keine Nordlicht-Tour. Sie werden hektisch durch das Reykjavíker Umland gekarrt, aus dem Bus herausgeschubst, wieder hineingeschubst. Mitten in der Nacht, mit einem müden Guide und einem ebensolchen Busfahrer. Mieten Sie sich ein Auto oder nehmen Sie ein Taxi zum Leuchtturm Grótta im Vorort Seltjarnarnes – da werden Sie auf die Busse treffen – und wenn Sie Glück haben, Polarlichter sehen.

HOT POTS – AUF DER SUCHE NACH DEN HEISSEN QUELLEN

Erinnert sich noch jemand an den schrecklichen Film *Dante's Peak* mit Pierce Brosnan? Er handelt von einem Vulkanologen, der vor einem Ausbruch warnt. Zu Beginn des Films badet ein Paar vergnüglich und präkoital in einem Hot Pot, einem Loch im Boden, in dem Grundwasser durch geothermale Wärme auf angenehme 30 bis 45 Grad Celsius erhitzt wird. Bevor der Film-Vulkan ausbricht, erhitzt sich die heiße Quelle, das Paar wird gekocht und hat keinen Sex mehr. Daran muss ich jedes Mal denken, wenn ich in Island in eines dieser warmen Löcher steige. Ich rechne jeden Moment damit, dass der Eyjafjallajökull wieder ausbricht – und mich kocht.

Es war dieser Vulkan, der 2010 ausbrach und den Flugverkehr der Nordhalbkugel dieser Welt lahmlegte. Das war das Jahr, in dem ich in Island auf der Ringstraße hauptsächlich über Asche fuhr. Es war das Jahr, in dem ich nicht in Hot Pots baden war, weil ich immer an *Dante's Peak* denken musste.

Aber ich will niemanden erschrecken. Eine geheime heiße Quelle zu finden und darin zu baden ist etwas, das zu den einmaligen Erlebnissen im Leben eines Menschen gehört. Glaube ich zumindest, denn mir ist es noch nicht gelungen. In zehn Jahren nicht. Ich bin mit Isländerinnen ins Bett gegangen, nur um rauszukriegen, wo sich die wirklich geheimen Quellen befinden. Die in Höhlen verborgenen, in denen das Wasser glasklar und heiß ist.

Nach zehn Jahren Island wurde mir schließlich der Ort einer dieser Quellen verraten, sie liegt in Nordisland. Eine

Freundin, deren Vertrauen ich mir erarbeiten musste, verriet ihn mir geheimniskrämerisch und äußerst unpräzise. Und während sie mir flüsternd, am Telefon, den Weg beschrieb, drohte sie mir, würde ich jemals ein Foto von der Quelle machen, die Koordinaten speichern oder überhaupt jemandem davon erzählen, dann sei ich tot. Mindestens.

Das Traurigste an der Geschichte ist, ich habe den Eingang zur Höhle dieser Quelle zwar gefunden, mitten in einem Lavafeld, so groß wie ein Berliner Bezirk. Doch nicht die Quelle selbst. Ich bin gestürzt bei meiner Suche, habe mir die Hand aufgerissen (meine Quelleninformantin sagte lapidar: »Ist mir auch passiert.«). Es ist ein steiler Eingang und er liegt weit im Bauch dieses Landes, zwischen scharfkantigem Gestein. Dadurch ist er leicht zu übersehen, das wusste ich. Ich habe lange gesucht, parallel sieben Telefonate geführt, weitere unpräzise Beschreibungen erhalten. Und dann irgendwann den Eingang zur Höhle gefunden, zufällig: Ich entdeckte dünne, aufsteigende Dampfsäulen, folgte ihnen einige Meter weit, um festzustellen: Der Weg ist zugeschneit und das Überqueren einer geothermalen Schneise, die von Schnee bedeckt ist, keine gute Idee. Ich gab auf. Obwohl die letzte Nachricht der Frau, die mir diesen Ort verriet, lautete: »Es wird das Schönste sein, was du je in deinem Leben gesehen hast.« Ich war traurig.

Wer also Quellen will, wie in *Game of Thrones*, der Fernsehserie, deren Folge *Kissed by Fire* aus Staffel 3 ich als einzige sah, der muss suchen. Jon Snow vögelt da in einer Quelle mit einem Wildling, und wegen meiner Begeisterung für die isländischen Pools wurde mir die Folge empfohlen. Wer dachte, dieser Ort sei ein geheimer, der irrt jedoch. Er ist sogar sehr bekannt und die Reisebusse halten davor. Grjótagjá-Höhle, ungefähr eine Autostunde von Akureyri entfernt, heißt dieser Ort. Allerdings soll die Quelle mit 45 Grad zu heiß zum Baden sein. Ich glaube das nicht. Wenn ich mich an meine Kindheit erinnere, wurde ich immer mit mindestens 50 Grad heißem Wasser gewaschen. Wer mutig ist, kann dort baden, allerdings ist es ein Privatgelände, und der Besitzer kann wohl ziemlich fuchsig werden, wenn er jemanden beim Baden erwischt.

Für Island-Anfänger, denen das alles zu abenteuerlich klingt, gibt es eine Website (www.hotpoticeland.com) und ein ganzes Hot-Pot-Business, die Informationen zu bekannten Quellen bieten. Die Liste auf der Website reicht für die ersten Reisen, um ein Gefühl dafür zu bekommen, wie es ist, in der Verlängerung eines Vulkans zu baden.

Dabei ist die wohl berühmteste heiße Quelle Islands nicht mal eine echte heiße Quelle. Die Blaue Lagune besteht aus den Abwässern eines Geothermalkraftwerks, das sogar im Hintergrund beim Baden sichtbar ist. Das heiße Wasser, der Dampf, der die Turbinen antreibt, wird durch Rohre in die Blaue Lagune geleitet. Und in dieser baden wir dann. Es ist also eher eine Art hübsches Abraumbecken. Vergleichbar mit dem Stechlinsee in Brandenburg, in den ja auch das Kühlwasser des KKW Rheinsberg geleitet wurde. Eigentlich ist die Blaue Lagune ein fürchterlicher Ort. Tausende Touristen baden dort, jeden Tag, reiben sich das Gesicht mit weißem Schnodder ein und denken: Das ist Island. Das sind heiße Quellen. Aber sie irren sich, denn echte Quellen sind einsam. Sie kommen ohne Gesichtspflegeprodukte und ohne Rentner aus. Und das Wichtigste: Sie kosten nicht dreißig Euro Eintritt.

Es ist übrigens der Nationalsport isländischer Jugendlicher, in der hellblauen Suppe Sex zu haben. Die weiße Masse, die sich am Rande des Beckens absetzt, ist also nicht jugendfrei.

Ich möchte nicht eitel erscheinen, nur, weil ich sie schon so oft gesehen habe: Es gibt nichts Besseres, als vor dem Rückflug nach Hause in die Blaue Lagune zu steigen, um mit stumpfen Haaren und roten Augen übermüdet im Flugzeug zu sitzen. Sobald das Anschnallzeichen angeht, fallen die Augen zu.

Einen kleinen Geheimtipp will ich noch geben. Ich habe ihn auch erst nach Jahren entdeckt: Es gibt eine künstliche heiße Quelle in Reykjavík, die umsonst ist. Und wirklich schön, trotz Gasgrills und Volleyballfeld drum herum. Nauthólsvík ist ein Stadtstrand, der mit heißem Thermalwasser aufgewärmt wird. Halten wir fest: Die Isländer leiten heißes Wasser ins Meer, um dieses für die Badegäste aufzuwärmen. Das ist so bekloppt, dass es zu einer Sehenswürdigkeit wird. Das Wasser des Nordatlantiks wird auf sensationelle sechzehn Grad erhitzt, mediterran ist es hier trotzdem nicht.

Zwar wird das Wasser nicht immer gewärmt, aber trotzdem neigt der Isländer dazu, im Meer baden zu gehen. Sjósund (Meer-Schwimmbad) nennt sich das dann. Hier in Nauthólsvík steigt man ins eisige Wasser – und anschließend in den Hot Pot direkt daneben. Den gibt es nämlich für Menschen, die nicht im Meer baden wollen. Dort sitzt man dann und genießt ein sensationelles Island-Erlebnis: Kaltes Gesicht, eisige Schultern, gefrorener Kopf im heißen Wasser.

Es ist schwer zu beschreiben, was die Magie der (meist) natürlichen Badewannen ausmacht, aber ich weiß, dass viele Menschen in Island sich der Aufgabe verschrieben haben, sie zu suchen. Dieses Gefühl, eine der geheimen Quellen gefunden zu haben, scheint so zu sein, als würde man ein Goldnugget finden. Habe ich mal, im Amazonas, zwei Gramm, Spitzengefühl.

SKYR - ALLES NUR QUARK

2006, als ich das erste Mal in Island war und den Süden der Insel mit einem kleinen Bus erkundet habe, hatte ich irgendwann kein Geld mehr. Ich war mit fünfundzwanzig nicht gerade das, was sich Eltern als perfekten Sohn wünschen: Gerade Single, nie gearbeitet, nur gereist, und dachte, mir gehört die Welt. Manchmal habe ich über diesen Zustand geschrieben und bekam dafür etwas Geld. Aber nie genug.

Das war noch vor der Wirtschaftskrise in Island, 2006, es war die wirklich teure Zeit für Reisen in dieses Land, kein Vergleich zu heute. Flüge für tausend Euro, eine Übernachtung in der Jugendherberge für mindestens sechzig Euro. Ich war also arm und hatte Hunger, wusste nicht, was ich essen sollte. Im Supermarkt waren Obst und Gemüse unbezahlbar. Der Plan, nur noch Karotten zu essen, den Menschen ohne Geld in Deutschland hegen, funktioniert in Island nicht. Karotten wurden damals einzeln verkauft und Paprika wie Rinderfilet feilgeboten. Mein Geld reichte für ein einziges, mir fremdes Nahrungsmittel: Skyr.

»Joghurt, das ist okay, den kann ich essen«, dachte ich naiv. Aber Skyr ist kein Joghurt. Eigentlich ist es ein sehr weicher Käse, der aus entrahmter Milch hergestellt wird und wenig Fett und viele Proteine enthält. Bis heute wird er in der Käse-Ecke Islands hergestellt, in Selfoss, und bis heute gehört er zur isländischen Küche wie Alkohol als Getränk und Lakritz als Süßigkeit.

Das Erstaunliche ist: Der Legende nach brachten die Wikinger diesen Käsejoghurt, diesen Quark nach Island, vor mehr als tausend Jahren. Und dann wurde er auf dem europäischen Festland vergessen. Und irgendwie kann ich verstehen, weshalb. Das erste Mal Skyr zu essen ist, wie die erste Zigarette zu rauchen oder das erste Glas Schnaps zu trinken. Scheußlich, beinahe widerlich. Eigentlich unverträglich. Nach dem Öffnen des Bechers sieht man eine feste Masse, auf der dünn eine Flüssigkeit schwimmt. Wasser? Gammel?

Geruchlos liegt er im Becher, der Käse, der Quark, der Joghurt. »So schlimm kann es nicht sein«, dachte ich damals. Die Auswahl an Skyr ist in Island so groß, das muss doch schmecken. Ganze Kühlregalreihen sind gefüllt mit den absurdesten Geschmacksrichtungen, von Kokos-Zimt bis hin zum Original. Ohne alles. Und genau diesen habe ich mir gekauft. Es war ein Löffelchen dabei, hungrig nahm ich einen großen Mund voll. Und erschrak. Nicht nur, dass ich von diesem Joghurt abbeißen konnte, es war der Geschmack, die Konsistenz. Skyr schmeckt zuallererst sauer. Ganz hinten, in meiner Erinnerung, tauchen die Bilder von betrunkenen Abenden in Berlin auf und den Versuchen, mit Ayran, der türkischen Variante von Skyr, meine Räusche zu verkürzen. Aber Ayran trinkt sich schnell. Skyr macht genau das Gegenteil. Ein Löffel Skyr lässt sich kaum hinunterschlucken, lebt im Mund, bleibt dort.

Ich stand dort also, frierend, vor einer Bónus-Kaufhalle in Reykjavík und hatte Fensterkitt im Mund. Es wurde immer mehr, es ölte meine Zunge ein, legte sich als garstiger Schleim in meinen Hals, der bis in die Nase säuerte. Unerträglich.

Aber ich war satt. Für mindestens fünf Stunden. Und vermutlich ist das der Grund, warum ihn die Isländer noch immer in ihrem Sortiment haben. Früher, es gab ja nüscht, war Skyr das Essen der Wahl. Da saßen die Kinder beim Schein der Talglampe und naschten am Quark. Wenn es mal gut lief, gab es einen Löffel Zucker dazu, etwas Milch reingerührt und Brot hineingebrockt. Wenn es sonst nichts mehr gab, wurden Schafsknochen im Skyr eingelegt. Sie wurden dadurch weich genug, um noch ein bisschen an ihnen zu nagen. Jeder Hof in Island, der aus rumpeligen Torfhütten bestand und frühverstorbenen oder verschwundenen Familienmitgliedern, stellte seinen eigenen Skyr her. Die Bakterienkultur dazu wird wie ein Nationalschatz gehütet. Selbst einem der dreizehn isländischen Weihnachtsmänner wird die Liebe zum Skyr nachgesagt. Denn – kurzer Einschub – die Isländer haben nicht einen Weihnachtsmann, sondern dreizehn, und eigentlich sind es auch keine Weihnachtsmänner, sondern die dreizehn Trollkinder einer Trollfrau. Und jeder dieser dreizehn Trolle macht etwas Unangenehmes: Haustiere klauen, in Kinderzimmer starren, Wäsche wegnehmen. Das Skyr-Giermaul kommt zur Weihnachtszeit und klaut Quark. Mehr nicht. Er klaut den isländischen Kindern den Skyr, und damit das Einzige, was sie haben.

Mich erinnert Skyr an eine typische Oma-Süßigkeit. Omas haben ja immer Naschwerk, das vielleicht im Zweiten Weltkrieg funktionierte. »Willst du was schluckern?«, fragte meine Großmutter. Natürlich wollte ich. Und dann gab es Menthol-Bonbons und Tonicwater. So fühlt sich Skyr an. Die Erwartungen an diese Speise sind hoch, die Enttäuschung beim Verzehr setzt augenblicklich ein. Zumindest beim ersten Mal. Über die Jahre hinweg habe ich es immer und immer wieder versucht, habe alle Arten durchprobiert. Habe es als Brotaufstrich versucht (schmeckt noch schlimmer als in Badewasser gefallenes Brötchen) und habe sogar einmal damit gekocht (geht gut, als Sahneersatz). Und irgendwann habe ich mich daran gewöhnt, so wie die zahlreichen Isländer in den letzten tausend Jahren.

Jetzt, mit sechsunddreißig, bin ich kein Single mehr, trinke fast keinen Alkohol und rauche nicht mal mehr. Jetzt könnte ich mir eine Paprika leisten, wenn ich in Island bin, aber ich esse trotzdem Skyr. Mit sechsunddreißig wurde ich plötzlich gesundheitsbewusst, ein sportlicher Mensch, weil der Körper ja meines Geistes Heim ist. Skyr ist das perfekte, gesunde Essen. Es hat nicht nur wenig Fett, sondern auch wenige Kohlenhydrate und dafür viel Kalzium. Es ist ein Superfood. Wie Avocado oder Chia.

Weil es ein Superfood ist, gibt es Skyr mittlerweile auch in Deutschland. In jedem größeren Supermarkt steht im Kühlregal neben Babybel und Joghurt jetzt auch Skyr – »nach isländischer Tradition«. Das muss der schwedisch-dänische Produzent Arla auch sagen, denn der deutsche Skyr kommt aus Mecklenburg-Vorpommern und beinhaltet nicht die »echten« Skyr-Kulturen. Deswegen ist es eben nur Skyr NACH isländischer Tradition. Mittlerweile bin ich Skyr-Connaisseur und werfe das der deutschen Variante vor: weniger sauer, weniger schmierig, weniger Fensterkitt. Es ist wie eine Light-Zigarette oder japanisches Bier. Bekömmlicher, aber es ist eben nicht die echte Erfahrung. Dafür muss man nach Island, hungrig sein, kein Geld mehr haben. Oder in die Schweiz. Dort gibt es den originalen Skyr aus Island. Dem Preis nach zu urteilen, wird er dort aber mit Gold aufgewogen.

Bevor ich schuld daran bin, dass Skyr zu einem Trend wird: Der gute alte Magerquark ist gesünder und hat weniger Fett. Und kostet ungefähr die Hälfte. Hier in Deutschland.

ISLÄNDISCHE ERZÄHLUNGEN, PART 1 – ALS GOTT ZU BESUCH KAM

Meine Liebe zu Island lässt sich nicht allein durch die abweisende Haltung der Menschen, die tödliche Natur oder das zwölf Monate anhaltende Aprilwetter dieser Insel erklären, nein, sie basiert auch auf den schönen, überlieferten Geschichten, die sich die Menschen hier erzählen.

Ich stelle mir vor, wie die Familien früher abends am Feuer saßen, nichts hatten außer ihren Erzählungen, keinen Fernseher, kein Theater, keine Kultur, nur den Wind und das erzitternde Gras. So erzählten sie sich Geschichten, die immer traurig, immer brutal, immer gemein waren, und heute erzählen ihre Nachfahren sie weiter. Jedes Volk hat seine eigene Mythologie. Die Deutschen berufen sich auf die nordischen Sagen über unverwundbar machendes Drachenblut und Männer, die Lindenblätter auf dem Rücken haben. Die Inder erzählen von tanzenden Vielarmgöttern, die Indianer von fraktalen Füchsen, die nach dem Konsum von halluzinogenen Pilzen erscheinen. Die Aborigines berichten von ihren Maden und den Sternen. Aber kein Volk hat so düstere Geschichten wie die Isländer.

Irgendwann hatte ich das Gefühl, alles gesehen zu haben in diesem kleinen Land. Jedes Moos fotografiert, jeden Stein umgedreht, selbst die geheimen heißen Quellen wurden irgendwann uninteressant. Da fing ich an, nach Geschichten zu fragen, und interviewte bekannte und fremde Menschen, in Kneipen, beim Essen, abends, wenn die Nasen rot waren. Und sie erzählten mir die Geschichten, die Märchen, die Legenden. Ich fragte nicht nach der *Edda*, dem großen altisländischen Werk, sondern nach dem, was die Leute sich erzählen, wenn sie zusammen am Feuer sitzen – oder in der Kneipe. Die Menschen stellten sich hin, stemmten die Arme in die Hüften und erzählten, als wären es kleine Theaterstücke. Anschließend hatte ich immer Angst und war traurig. War bedrückt und betrunken.

Island ist Melancholie, ist eine landgewordene Depression. Und seine Bewohner sind die Antidepressiva, lassen mich lachen, mich wohl fühlen. Ich will hier und in den folgenden Kapiteln Geschichten erzählen, von denen ich gehört habe. Jetzt wird's phantastisch, phantasievoll – und so lässt sich viel besser verstehen, wie es ist, ein Land zu bewohnen, das nicht bewohnt werden möchte.

Als Gott zu Besuch kam

Eines dieser torfigen Häuser, schmutzig von außen, schmutzig von innen, es steht weit entfernt von jeder Straße, von jedem Weg. Der Wind drückt gegen die dünnen Fensterscheiben, fegt und weht durch jede Ritze. Hebt und senkt das feine Haar seiner Bewohner.

Dort sitzt eine Mutter mit ihren sieben Kindern am Feuer, das mit kleiner Flamme die Gesichter wärmt. Die glühenden Finger dem Feuer entgegengereckt, den Schmerz der Hitze nicht mehr spürend. Wärme in ihren Gesichtern. Sie sitzen dort und frieren, warten auf den Sommer. Die einzige Melodie im Ohr dieser Familie sind die Winde, die an der Fassade des Hauses eine unfreundliche Melodie heulen.

Der Vater, der Mann, ist schon lange verschluckt vom großen Ozean, der an der Landschaft zerrt, Steine und Sand und Väter verschluckt. Einfach so. Kaum einer bemerkt es. Traurig sind allein die Mütter, die Kinder erinnern sich nur an den Handrücken.

Ein scheußliches Leben, hier, in diesem Haus, in Island. Vielleicht nahe Stykkishólmur, vielleicht auch in der Nähe von Akureyri. Überall kann diese Geschichte geschehen sein. Überall herrscht solche Traurigkeit. Doch hier, in diesem Haus, wird sich das bald ändern. Denn es ist der Tag, an dem sich Gott ankündigt. Sagt, er komme wieder vorbei, in fünf Tagen, und will kontrollieren, ob alles funktioniert. Sittenhaft, rechtens, seine Schäfchen will er besuchen. Große Aufregung herrscht unter den Familienmitgliedern.

»Kinder, Kinder«, ruft die Mutter, »so können wir uns doch nicht Gott präsentieren.« Sie alle sollen das Haus putzen, es muss picobello sauber sein. Das kleine, geduckte Haus am Berghang, über das die Jahreszeiten immer wieder hereinbrechen, ist innen verrußt, mit einer schwarzen Schicht aus Schmutz überzogen. Die muss weg. Am ersten Tag wird die Küche geputzt, der lehmige Boden vom Schmutz befreit, die Fenster poliert, so dass man wieder ins Freie schauen kann.

»Aber Gott kommt, das muss noch schöner werden«, ruft die Mutter aufgeregt am zweiten Tag. Das trübe Licht von draußen soll wieder Schatten werfen in dem winzigen Haus. Die Mutter führt die Putzkolonne mit eiserner Hand. »Putzt, putzt!«, ruft sie und zeigt auf die schmutzigen Stellen. Der Staub wirbelt. Die sieben Kinder versuchen, sich unsichtbar zu machen.

Am dritten Tag werden die aus Holz geschnitzten Löffel gereinigt, die Holztellerchen, die wenigen gestickten Deckchen in eisigem Wasser gewaschen. Die Talglampen müssen gewienert werden. Die Kinder können sich nicht verstecken, mit ihren kleinen Händen kommen sie in die kleinsten Spalten und schützen das Haus vor dem Wind, vor der Kälte, dichten alle Lücken mit Lappen ab.

Am vierten Tag, kurz bevor Gott kommt, wäscht die Mutter sich selbst. »Hol Schnee«, ruft sie dem Ältesten zu, und er geht raus, holt das gefrorene Wasser, das über dem Feuer geschmolzen und erwärmt wird. Zuerst steigt die Mutter schmutzig ins Wasser und wäscht sich. Die Haare, das staubige Gesicht, den Ruß unter den Fingernägeln, bis sie hübsch und rosig ist. Sie wäscht sich das Alter von der Haut.

Die Kinder kommen anschließend dran. Zunächst der Älteste, dann drei weitere. Doch das Wasser reicht nicht. Die Nachfolgenden kommen nicht mehr sauber aus dem Zuber, das Wasser wird immer schmutziger. Die drei Jüngsten bleiben dreckig. Dabei hat das jüngste Mädchen so schöne Haare, die müssten gewaschen werden, entfilzt und gekämmt. Aber dafür reicht die Zeit nicht mehr und schon gar nicht das Wasser.

Am fünften Tag erscheint nun Gott. Wieder große Aufregung, das Haus ist sauber, die Hälfte der Familie auch. »Hoch mit euch aufs Dach«, ruft die Mutter und zeigt auf die drei schmutzigen Kinder, die traurige Gesichter machen. »Aber ...«, setzt das schmutzige Mädchen mit den schönen Haaren an – Mutters Hand wird zur Ohrfeige.

Es klopft. Und ein Mann tritt ein. Die Mutter ist ganz aufgelöst, die vier Kinder strahlen.

»Schön, schön!«, erklingt die Stimme Gottes. Er blickt sich um, fährt mit den Fingern über die staubfreien Oberflächen, bewundert die abgedichteten Ritzen, die sauberen Schüsseln, die rußbefreiten Talglampen. »Ein ganz zauberhaftes Haus hast du!«, meint Gott. Das Holzgeschirr im Schrank klappert, so tief ist seine Stimme. Und dann schreitet er weiter, streicht den Kindern über den Kopf, pustet der Mutter wärmende Luft zu.

Gott ist groß.

Er legt sich kurz ins Bett, kontrolliert das Heu, nichts muffelt, als wäre alles neu an dem Haus. Und Gott ist zufrieden. Dreht sich in der niedrigen Küche noch einmal um und schreitet zur Tür.

Auf der Schwelle ein letzter Blick zur Mutter.

»Sag mal ...«, beginnt Gott.

»Ja?«, antwortet die Mutter ängstlich, mit gesenktem Blick.

»Hast du nicht eigentlich sieben Kinder?«, fragt er.

Die Mutter stottert, errötet, richtet den Blick nach oben.

»Schweig«, sagt Gott. Blickt Richtung Dachstuhl und hebt die Stimme: »Diese drei Kinder, die du vor mir versteckt hast, sollen verschwinden – und nie wieder gesehen werden.«

Und sie waren verschwunden. Nie wieder gesehen.

Als Geister, als Huldufólk, als Elfen, treten sie bis heute in Erscheinung, die ungewaschenen Kinder. Besonders das kleine Mädchen mit den schönen Haaren. Hat eine Frau in Island besonders schönes Haar, dann sind die Gründe dafür nicht etwa teure Haarpflegeprodukte, gut retuschierte Instagrambilder oder Gene, sondern es ist das kleine Mädchen, das sich im Haar dieser Frau versteckt. Sie ist ein verborgener Mensch, eine Elbin, eine Huldukona, die das Haar scheinen lässt.

THE HIDDEN PEOPLE - DAS HULDUFÓLK

Das eng mit uns Menschen verwandte Huldufólk, die »Hidden People« sind es, die Bauprojekte in Island stoppen und den Straßenbau in dem Örtchen Kópavogur erschweren. Dort befindet sich eine berühmte Einbuchtung in der Straße, wo Hidden People leben.

Der Einfluss des Huldufólk auf das alltägliche Leben ist aber nicht so groß, wie die Touristen annehmen. Ich vermute, es ist einfach gutes Marketing, wenn die Besucher Islands denken, dass sich die Regierung um die Angelegenheit der Trolle und Elfen kümmert.

Es sind besonders die deutschen Besucher, die glauben, die isländische Bevölkerung und Regierung seien verrückt nach Elfen. Dafür gibt es einen Grund: Erla Stefánsdóttir war bis zu ihrem Tod 2015 die isländische Elfenbeauftragte. Das Erstaunlichste an dieser Sache ist, diese Bezeichnung hat sie durch einen deutschen Zeitungsartikel erhalten, der 1995 erschienen ist. Dieser Artikel wurde also in Deutschland herumgereicht, nach dem Motto »Guck mal, wie verrückt die Isländer sind«. Eine Legende war geboren. Eine offizielle isländische Elfenbeauftragte gibt es also strenggenommen gar nicht.

Was tatsächlich passiert, wenn in Island gebaut werden soll, ist die Kontrolle des Geländes auf Kulturgüter. Gibt es Ruinen alter Höfe, Quellen oder Stätten der isländischen Vergangenheit? Wichtige Steine oder Felsen?

In großen Steinen und Felsen wohnen Elfen, zumindest wird dies in zahlreichen Geschichten deutlich. Erkennen können diese nur hellsichtige Personen wie Erla Stefánsdóttir eine war. Sie wurde hin und wieder zur Begutachtung hinzugezogen, auch im Fall von Kópavogur. Und sie entschied: Die Straße muss einen Knick machen, der Stein bleibt liegen. Hier wohnt das Huldufólk.

Gelegentlich wird zwischen Elfen und Hidden People unterschieden, aber eigentlich meinen die Bezeichnungen dasselbe: magische Wesen, unheimliche Erscheinungen. Es gibt sie in männlich und weiblich: ein Huldumaður und eine Huldukona. Verborgenes Volk, Huldufólk, werden sie im Übrigen genannt, um nicht »Elfen« aussprechen zu müssen. Aus Furcht. Und Respekt.

Denken wir an Elfen, haben wir vermutlich Bilder von Alfons Mucha vor Augen, zarte Frauen, die in halbtransparenten Kleidern durch die Luft schweben und mit gespitzten Lippen lieblich säuseln. So sind die Elfen Islands aber nicht. Ist ja auch logisch, halbtransparente Kleider und die klimatischen Bedingungen Islands, das passt nicht. Die Elfen Islands sehen anders aus, es sind schmale, blasse Wesen in grauen Sackkleidern, in denen sie sich durchs Land huibuhen. Sie hassen Kirchen, sie hassen Elektrizität, sie sind eher Spukgestalten. Zum Fürchten.

Und sie ärgern Menschen.

Diese Wesen sind es, die die Touristen so neugierig machen und wegen denen die Isländer kichern, wenn man sie nach ihnen fragt. Wobei sie mittlerweile eher genervt sind von diesen Fragen und nicht mehr kichern. Doch tatsächlich tauchen die Elfen an der einen oder anderen Stelle im Alltag der Isländer auf, nicht nur beim Straßenbau.

Da viele Geschichten über Elfen und verborgene Wesen um Weihnachten herum stattfinden (auch die vom Gottes-Besuch gibt es als »Christmas-Variante« – Gott erscheint dann am 25. Dezember), existieren bis heute Bräuche, um den Elfen zu dieser Zeit Gutes zu tun. Am 25. Dezember stellen Isländer (nicht alle!) für die Elfen Essen in der Wohnung bereit oder räumen für sie auf.

Manchmal werden die magischen Verwandten auch zu politischen Zwecken missbraucht, das finde ich am schönsten. 1982, die Amerikaner lenken den Kalten Krieg vom militärischen Flughafen in Keflavík aus. Das gefällt den Isländern nicht und deswegen begeben sich rund 150 Isländer auf die Suche nach Elfen. Wenn sich Straßen aufgrund von Huldufólk-Wohnungen umlenken lassen, vielleicht lassen sich dann auch Konflikte lenken. Ergebnis: An und in der NATO-Basis sollen Hidden People leben – und weil sie elektrische Ströme hassen, könnten sie durch die Radarsysteme und Phantomflugzeuge gestört werden. Das hätte verhindert werden müssen. Die Phantomflugzeuge durften immer noch starten, aber dass Elfen als Form des Protestes gewählt werden, ist trotzdem schön.

Das letzte Mal wurde die Elfen-Ausrede im Straßenbau 2013 benutzt. Eine Umgehungsstraße zwischen den Vororten Reykjavíks Garðabær und Álftarnes sollte umgelenkt werden, damit die im Lavafeld lebenden Kreaturen nicht gestört würden. In Wirklichkeit war der Grund nicht weniger nobel – es ging schlicht um Landschaftsschutz. Und dazu gehört ja irgendwie auch Elfenschutz.

Ich mag die Vorstellung von einem grauen Wesen auf dem Sitz eines Militärflugzeugs. Als jemand, der Horrorfilme im Kino mit geschlossenen Augen und Ohren sieht, finde ich Huldufólk insgesamt bezaubernd.

Wirklichkeit und Erzählung sind eng verknüpft, wenn es um das verborgene isländische Volk geht. Manchmal stelle ich mir vor, die deutschen Märchen wären so. Düster, unheimlich, hässlich, real. Deutsche Märchen sind durch jahrhundertelanges Umschreiben verweichlicht worden. In Island erscheinen mir die Erzählungen sehr erwachsen, sehr direkt, sehr nah dran an den Menschen. Keine Wölfe, die Mädchen reißen, sondern Spukgestalten, die Menschen ins Verderben treiben. Aber was treibt diese bösen Wesen an? Was, wenn die Bösen vielleicht doch nicht so böse sind?

Die isländischen Märchen, diese mündlich überlieferten Geschichten, verändern sich, sie nehmen neue Formen an. Die Erzählungen, auch die, die ich oben aufgeschrieben habe, wurden Mitte des 18. Jahrhunderts immer düsterer und dienten dazu, die Kinder auf das Unheil vorzubereiten, darauf, dass Geschwister sterben, Väter verschwinden, Mütter verhungern. Es war eine Zeit in Island, in der es den Menschen besonders schlechtging. In der nicht nur die Gezeiten, das Wetter an den Lebensgeistern der Menschen zerrten, sondern auch die noch junge Weltwirtschaft. Und sie tötete. Das merkt man den Sagas an.

Die *Grimm'schen Märchen* wirken dagegen wie aus der Zeit gefallen. Das Rotkäppchen ist immer gleich blöd und der Wolf der böse Antagonist. Wer hingegen heute in Island, im Winter, die Sagas liest, kann verstehen, warum diese Geschichten hier entstanden sind. Versteht, warum das Land und seine Bewohner solche Märchen hervorbringen.

Für Trauer ist in einem armen Land kein Platz, das war damals so und ist es auch noch heute. Geschichten aber, Geschichten vom verbannten Schwesterchen, das als Huldukona im Haar von schönen Frauen weiterlebt, machen vielleicht alles erträglicher, auch das eigene Leid.

Dieser Gedanke gefällt mir.

Auch wenn ich seitdem immer ein dämonisches Wesen auf den Schultern von Frauen mit schönem Haar erwarte.

ISLÄNDISCHE ERZÄHLUNGEN, PART 2 – WIE DAS MOOS ENTSTAND

Im Süden, nahe dem Fischerdörfchen Vík, lebten vor vielen hundert Jahren Trolle in einer Höhle, versteckt vor den Menschen.

Es ist ein Trollpaar, ein Mann und eine Frau, beide von ausgesprochener Hässlichkeit. Sie mit gebeugtem Rücken und strähnigen Haaren, die über ihr scheußliches Gesicht fallen. Darin eine unförmige Nase und kleine, spitz zulaufende Augen, die aus einem wässrigen Dunkel ins Nichts blicken. Die Haut grün, wie die eines Froschs, über und über mit schuppigen Flechten und vernarbtem Gewebe überzogen.

Er, ihr Mann, ist nicht weniger hässlich. Die Haare sind ihm fast völlig ausgegangen, in dünnen Fäden liegen die letzten über dem Schädel, baumeln über seinen speckigen Schultern. Er trägt einen Hut, ölig vom Kopffett, und hat einen Bauch, schwer und unförmig, seine Knie verbogen, so dass der Mann humpelt. Grund ist eine Verletzung, die ihm die Menschen zugefügt haben, irgendwann, vor Jahren, als er einem Dorf zu nahe kam, auf der Suche nach Essen.

Sie sind ein hässliches Paar, das in der feuchten Höhle lebt, die wenigen Möbel sind weiß vom Schimmel. Aber der hässliche Trollmann liebt seine hässliche Trollfrau, er liebt sie über alles. Manchmal, wenn sie schläft, streichelt er über ihr fettiges Haar, küsst ihr verwarztes Gesicht und schwört ihr seine Liebe. Seine Frau aber ist streng, sie brüllt viel, schreit, schlägt, kratzt ihn mit ihren gelben Fingernägeln, und manchmal zerbrechen sie an seiner harten Haut. Dann schreit sie noch mehr. Aber der Trollmann liebt sie und er erträgt alles.

»Ich will Grießbrei«, ruft die Trollfrau eines Morgens, »ich will richtig guten Grießbrei, den besten, den es gibt«, und weil der Trollmann alles für seine Frau tun würde, nickt er still. Es ist ein kalter Wintermorgen, kleine Eiszapfen bilden sich an seiner Nase, draußen ist es finster, das Licht wird erst später kommen, mittags, und nur kurz bleiben.

»Wo bekomme ich Grieß her?«, fragt sich der Troll, greift nach seinem Stock und seinem Mantel und geht los. Er läuft in Richtung des Dorfes, aus dem er schon einmal mit Gewalt vertrieben wurde. Die scharfen Steine aus Tuff schneiden in seine nackten Füße, er richtet seinen Blick auf den Horizont, auf das fahle Licht, doch in der Dunkelheit stürzt er immer wieder, bis seine verwachsenen Knie ganz blutig sind und die Hände aufgeschnitten. So scharfkantig sind die Steine, wie kleine schwarze Messer, die nur darauf warten, dass jemand stürzt und nicht mehr aufsteht.

In der Ferne sieht er das Licht der Stadt, schleicht mit Schmerzen näher, an ein Haus heran, und sieht eine Familie. Sie sitzen um einen Tisch herum, ihre Gesichter leuchten rosig im Licht der Lampen, ihre Kleidung ist sauber, die Kinder haben gekämmte Haare und weiße Zähne. Der Vater lacht, die Hosenträger hat er zur Seite geschoben, weil sie einschneiden in die weiche Haut. Eine glückliche Familie. Mit Grieß in der Kammer.

Trolle sind groß und schwer, sie sind ungelenk und laut. Aber der Trollmann gibt sein Bestes, schleicht mit seinen blutigen Sohlen leise in die Kammer, greift einen Sack Grieß und will sich wieder davonmachen.

»Vater, haben wir noch Skyr für die Schafsknochen?«, hört er da eins der Kinder fragen. Dann das Geräusch eines Schemels, der nach hinten geschoben wird und über den Holzboden schabt. Schritte, die näher kommen.

Die blutigen Tapsen. »Kinder, schnell!«, schreit der Vater. »Ein Troll, holt den Flegel!« Der Vater steht nun wütend, drohend vor ihm, der Troll ängstlich in den Halbschatten des

Lampenlichts hinter einer Tür gekauert. »Ich brauche nur ...«, stammelt er. Aber der Vater hört ihm nicht zu, schlägt ihm mit dem Flegel ins Gesicht, auf den Kopf. Der Troll rennt los, trotz der schmerzenden Füße.

Zurück in seiner Höhle, versorgt er die Wunden, stellt den Grieß in der speckigen Küche ab. Seine Frau schläft, und er legt sich erschöpft neben sie. Die Knie pochen vor Schmerz. Kalt ist ihm, er nimmt sich ein Stück Decke, versucht, sich darunter zu verkriechen.

»Du nimmst mir zu viel Decke weg«, scheppert da die Frau. »Mir wird kalt. Und was macht mein Grießbrei?«, meckert sie weiter.

»Ich lege mich auf den Boden«, antwortet der Trollmann. »Und morgen hole ich Milch.« Leise wimmert er.

Am nächsten Morgen sind seine Füße eiskalt, aber sie bluten nicht mehr. Er sammelt einige Lumpen zusammen, um sie zu verbinden. Eine traurige Gestalt ist er. Trolle, so stark und mächtig, eigentlich, er nun gebrochen und verletzt.

Die Kühe bereiten dem Trollmann weniger Probleme als die Menschen, sie lassen ihn gewähren, als er mit seinen groben Händen zart die Milch aus ihren Eutern melkt. Ihr leises, zufriedenes Blöken verrät ihm, dass er alles richtig macht. Die Kühe fürchten sich nicht vor seinem Gesicht, seinem hässlichen Äußeren. Sie lassen ihn seine Arbeit verrichten, es schert sie nicht, dass er sich einen Kübel voll Milch holt. Und obwohl er Durst hat, trinkt der Trollmann nicht von ihrer Milch, leckt mit seiner roten Zunge nur die über seine Hand vergossene Milch ab.

»Für meine Frau, die beste Milch.«

Mit dem Kübel Milch erreicht er wieder die Höhle, wo seine Frau ungeduldig wartet und böse ruft: »Wo bleibt mein Grießbrei?!« Er antwortet flüsternd, er habe jetzt alles, was er brauche.

»Ich will richtig viel Grießbrei«, schimpft sie. Sitzt dabei auf der Bettkante und guckt ihn herausfordernd mit ihren bösen Augen an.

»Aber wir haben keinen Topf, der dafür groß genug ist«, antwortet der Troll.

»Dann besorg einen. Und wenn du fertig bist, will ich den Brei an einem besonderen Ort essen, über den Wolken. Ich will dort sitzen und heruntergucken auf die Welt. Ich will über den Wolken sein, und mein Rücken soll von der Sonne gewärmt werden«, sagt die Trollfrau.

Der Mann, erschöpft und müde, zuckt mit den Schultern und weiß, er wird nicht schlafen heute Nacht. Er bricht erneut auf, geht wieder durch das Lavafeld, seine verheilenden, schorfigen Füße reißen abermals auf, wieder fällt er hin.

Als er endlich den großen Topf aus der Küche des Hauses stiehlt, wird er wieder erwischt, und bekommt wieder Schläge mit dem Dreschflegel. Ins Gesicht, auf den Rücken.

Aber er schafft es, den Topf aus dem Haus zu bringen, jetzt braucht er nur noch Holz, um einen schönen Löffel zu schnitzen. Das holt er aus einem Birkenwald, von den wenigen Bäumchen, die dort stehen. Er geht hinein, setzt sich aufs Gras und ruht sich kurz aus, bevor er eine Birke aus dem Boden reißt, um daraus einen Löffel herzustellen. »Es soll ein schöner Löffel werden, einer, der so schön und besonders ist wie meine Frau«, denkt er, während er mit den Händen die Äste von der Birke reißt, die silbrige Haut vom Stamm löst.

Nun hat er wirklich alles, den Löffel, den Topf, den Grieß, die Milch, doch halt, es fehlt noch der Weg in den Himmel, über die Wolken. Er legt sich erneut hin und denkt nach, sieht durch das Blätterdach der Birken in den Himmel hinauf. Der Troll liegt dort, der Wind ist kurz still, aufgehalten von den aufgeregt wackelnden Blättern der Birken, vielleicht zieht eines der seltenen Füchschen an ihm vorbei. Er ruht sich kurz aus, die Strapazen sind enorm. Aber für die Liebe ist keine Mühe zu groß.

Dann fällt es ihm ein: Er muss eine Leiter bauen, eine sehr große, die bis über die Wolken reichen würde. Er stellt den Topf ins Gras, legt den Löffel hinein und beginnt, den kleinen Hain aus Birken zu roden. Mit den bloßen Händen. Jeden Baum reißt er aus, jeden Setzling, er braucht alles Holz für seine Leiter.

Trolle sind stark, stärker als Menschen, viel stärker, und so kann er den Wald, der jetzt nur noch totes Holz ist, auf seinen Schultern nach Hause transportieren, während er den Topf mit dem Löffel mit seinen Zähnen trägt.

Ein Glücksgefühl verspürt der Troll nun, er hat alle Utensilien, er wird seine Frau glücklich stimmen. Wird ihr eine Leiter bauen, den Grieß kochen, den sie so noch nie gegessen hat, sie wird ihn dafür lieben. So sehr, dass er wieder unter ihrer Decke wird schlafen dürfen. Seine Frau wird nicht mehr böse sein. Irgendwann, da wird sie ihn mit ihren langen Fingernägeln nicht mehr kratzen, sondern streicheln. Darauf freut er sich.

Mit großen Schritten geht er nach Hause in seine feuchte Höhle. Kocht die Milch auf, kocht darin den Grieß. Tischlert die Leiter. Bereitet alles vor.

»Ich mag es salzig«, kläfft jedoch die Trollfrau.

»Salz, ich besorg es«, sagt der Troll.

Rennt wieder los, der Brei wird schon nicht überkochen, er wird es schaffen. Rennt, holt sich noch mehr Schnitte an den Füßen, wieder Schläge von den Menschen, schafft es zurück, bevor der Grießbrei überkocht. Ein Mensch wäre schon tot, würde das nicht überleben.

»Für die Liebe«, sagt sich aber der geschwächte Troll, als er das Salz zum Grieß gibt. In dem großen Topf brodelt es, und plötzlich riecht es nicht mehr nach Schimmel in der Höhle, es ist auch nicht mehr kalt, sondern warm. Das Licht des Feuers lässt alles weniger bedrohlich aussehen. Der Troll ist immer noch hässlich und seine Frau auch, aber die Höhle wirkt nun gemütlich.

Die fertige Leiter baut er vor der Höhle auf und lehnt sie an die Wolkendecke. Der Topf ist heiß, doch er klemmt ihn unter den Arm. Der Löffel ist in saubere Tücher gewickelt. Es soll der schönste Tag für den Trollmann werden – und seine Frau.

»Fertig!«, ruft er. »Wir können jetzt essen.« Seine Augen sehen glücklich aus, aber erschöpft.

»Hat ja auch ganz schön gedauert«, meint die Trollfrau missbilligend.

Sie steigen die Leiter hinauf, sie voran, er hinterher. Sein Blick auf ihren schönen Trollpo gerichtet. Hungrig ist er, denn seit Tagen hat er nichts mehr gegessen.

Oben angekommen, nehmen sie Platz, auf der Kante der Wolken, unter ihnen ihre Höhle, klein, das Gehöft der Menschen, noch kleiner die Kühe. Die Sonne strahlt in ihrem Rücken, der Regen tropft unter ihnen.

Stolz stellt sich der Trollmann hin, reicht ihr den Topf, den schön geschnitzten Löffel.

»Hier, bitte«, sagt der Troll.

Nichts sagt die Trollfrau.

Sie greift nach dem Löffel, will damit in den Topf langen.

»Liebst du mich denn?«, fragt der Troll in diesem Moment.

Aber sie ist zu hastig, zu gierig, wirft den Topf um. Und der Trollmann verliert sein Gleichgewicht, kann ihre Antwort nicht mehr hören und stürzt aus den Wolken, hinunter aufs Lavafeld. Die Sonne ist verschwunden, als sein Kopf auf den Boden schlägt. Das scharfkantige Gestein lässt seinen Schädel schnell und plötzlich zerbersten. Die Wucht ist so groß, dass sein Hirn herausplatzt und sich blutig über all die nackten, spitzen Steine in Island ergießt. Ein roter, feiner Film über schwarzen Steinen.

Daraus wuchs das isländische Moos, und der Boden war nicht mehr so scharf wie ein Messer, sondern er war weich wie ein Bett.

Das Moos ist traumhaft weich, aber auch empfindlich. Tausend Jahre dauert es, bis eine dichte Moosdecke über ein Lavafeld gewachsen ist. Gehen Sie daher niemals mit Schuhen auf eine Moosfläche, reißen Sie kein Moos aus und behandeln Sie es bitte generell wie ein rohes Ei. Wenn die Moosnarbe erst einmal aufgerissen ist, heilt sie über Hunderte von Jahren nicht wieder richtig zu.

Das ist die Geschichte, wie das Moos in Island entstand. Ihre Hauptprotagonisten, die isländischen Trolle, haben keinen guten Ruf. Als ich das erste Mal vom isländischen Weihnachtsfest hörte, konnte ich das spüren. Während wir einen freundlich-pausbäckigen Coca-Cola-Weihnachtsmann erwarten, sitzen die Kinder in Island ängstlich vor dem Fenster und hoffen, dass Grýla nicht den Weg zu ihrem Haus findet. Diese hässliche, böse, alte Trollfrau, halb Tier, halb Kreatur, die dreizehn Trollkinder hat. Die Yul-Gang. Es verblüfft mich nicht, dass die Kinder sich vor ihnen fürchten. Grýla frisst nämlich Kinder.

Auch das generelle Erscheinungsbild der Trolle sorgt für ihren schlechten Ruf. Es sind rumpelige, hässliche Wesen, die sich in Steine verwandeln können, nicht christianisiert sind (na, so was!) und eine Gefahr für die Menschen darstellen. Sie haben einfache Sozialstrukturen und leben in kleinen Familien. Die Menschen fühlen sich von ihnen belästigt.

Das Faszinierende an Trollen ist: Es gibt sie in ganz Nordeuropa, die Wortbedeutung stammt sogar aus dem Protogermanischen, also der Sprache der allerersten Germanen, die im Lederschlüpfer durch den Schwarzwald schepperten. Und was noch viel erstaunlicher ist: Der Troll, der seit über zweitausendfünfhundert Jahren nervt, hat sich kaum verändert. Der moderne Troll, der immer noch in feuchten Höhlen lebt, besitzt allerdings einen Computer, postet dumme politische Kommentare und nervt im Internet herum. Vielleicht hilft es zu verstehen, was ein Troll ist, wenn man sich einen Mann vor dem Computer vorstellt, mit feuchten Achseln, ungewaschen, schlecht gelaunt und immer auf Provokation aus. Nichts anderes sind die Trolle, die in den nordischen Ländern Quark klauen, Kinder fressen oder Kühe verjagen.

Aber natürlich hat es auch etwas Trauriges, diese ausgestoßenen Wesen, die sich vor Blitzen fürchten, vergessen in den Wäldern und von der Zeit. Von Thor getötet und vom Menschen missachtet. Woher genau die Trolle kommen, weiß niemand. Vermutet wird: Die unruhigen Seelen Verstorbener leben in ihnen weiter.

In Island finden sich überall diese Steinstapel, Steinmännchen genannt. Diese haben eine wichtige Funktion; Wanderer, die an den aufgetürmten Steinen vorbeikommen, sollen einen weiteren obenauf legen – damit sie auf ihren Reisen nicht von Trollen belangt oder gefressen, sondern in Ruhe gelassen werden. Laut Wikipedia, das sei hier zitiert, weil ich es so schön finde, »dauern die Forschungen zu den Steinhäufchen aber noch an, denn ihre Bedeutung ist umstritten«. Denn in dem Land, in dem nichts unnütz zu sein scheint, haben diese Haufen zudem die Funktion, verirrten Wanderern den Weg zu weisen. Nebel, der ständige Begleiter der Menschen Islands, verhindert die Sicht, aber an den Haufen kann und konnte man sich, zumindest visuell, entlanghangeln.

Unter Touristen ist allerdings der Glaube an Trolle verbreitet. Erzählt sich natürlich auch schöner, dass diese Häufchen, die gleich nach der Landung am Flughafen sichtbar sind, Talismane zum Schutz vor Trollen sind.

ISLÄNDISCHE ERZÄHLUNGEN, PART 3 – DIE EYRBYGGJA SAGA

Die besondere Dramatik der isländischen Märchen wird in der nachfolgenden Geschichte deutlich. Sie stammt aus der Eyrbyggja Saga. Diese Form der Erzählung, Sagas, gibt es zahlreich in Island. Es sind im Grunde Familienchroniken, sie beschreiben verschiedene Regionen Islands und wie sie besiedelt wurden. Natürlich wird dabei maßlos übertrieben. Siehe Bibel.

Die Eyrbyggja Saga spielt sich vornehmlich auf der Halbinsel Snæfellsnes ab, also zufälligerweise an dem Ort, den ich als schönsten Islands empfinde. Die Halbinsel, auf der sich sämtliche Landformen Islands zeigen und die besonders schwer zu besiedeln gewesen ist. Die Saga besticht durch ihre besondere Düsternis, die sich aus dem Unterfangen der Besiedlung ergibt. Im 9. Jahrhundert brechen die Menschen in Reykjavík mit ihren kurzbeinigen Pferden auf. Das Hauptthema sind Rivalitäten zwischen zwei mächtigen Familien der Region: Gode Snorri versus Gode Arnkell Goði. Ich will Ihnen nicht die Spannung nehmen, aber Snorri wird gewinnen. Nicht zuletzt liegt das an seinem gewalttätigen Vater Þórólfur Bægifótur, der als Wiedergänger für Angst und Schrecken auf Snæfellsnes sorgt. Bis heute ist er einer der übelsten Figuren der isländischen Sagas.

Die Eyrbyggja Saga gewährt auch einen Einblick in isländische Beziehungsschwierigkeiten – immerhin ist hier so ziemlich jeder miteinander verwandt: Björn Breiðvíkingakappi, ein weiterer wichtiger Protagonist der Islandsagas, liebt seine mit Snorri verheiratete Halbschwester Thuriður.

Wiedergänger sind einfach nicht tot zu kriegen. Mit übermenschlichen Kräften schikanieren sie die Lebenden. Einige tun das von ihrem Grabhügel aus – also Abstand halten. Andere sind kampfbereit und durchstreifen das Land auf der Suche nach Ärger. Diese altnordischen Zombies lassen sich nur schwer endgültig beseitigen. Die einzig sinnvolle Methode ist Kopfabhacken.

Man muss sich Island wie eine Flirtbörse mit sehr wenigen Mitgliedern vorstellen. Jeder kennt sich, jeder ist irgendwie miteinander verwandt und jeder will irgendwann mit jedem schlafen. Diese Konflikte werden in den Sagen ausgearbeitet und zu Liebesdramen verarbeitet. Und natürlich, so wie es sich für Dramen gehört, wird es tragisch innerhalb dieser Dreiecksbeziehung.

Doch was mich am meisten an dieser Saga fasziniert, ist: Viele Geschichten handeln von Spuk, übernatürlichen Vorkommnissen und phantastischen Wesen. Vom seltsamen Stier Glæsir oder der Elfenkirche Tungustapi, von der noch die Rede sein wird. Im Prinzip sind das Geschichten wie in *Rote Rosen* oder *GZSZ*. Nur mit mehr Blut und Gespenstern. Selbst die Struktur von seriellem Fernsehen wird eingehalten: episodisch und nur bedingt logisch aufeinander aufgebaut.

Aufgeschrieben wurde die folgende Saga um 1250 auf dem Helgafell, dem ehemaligen Hof von Snorri, vermutlich von Sturla Þórðarson, denn als Nachkomme von Snorri hatte dieser Zugriff auf die örtliche Bibliothek. Diese grausame Geschichte ist ein besonders gruselig-schönes Beispiel aus der

Eyrbyggja Saga. Ich kann nur warnen, danach schläft es sich schlecht. Aber vielleicht geht es ja genau darum.

Alles spielt sich in der Gegend von Sælingsdalstunga ab, einem verschneiten Ort im Nichts, gelegen auf einer kleinen Ausbuchtung, kurz vor den Westfjorden.

Es ist die Geschichte zweier Brüder, Arnór und Sveinn. Arnór und Sveinn lebten zusammen mit ihren Familien in ihren Farmhäusern im Sælingsdalstunga. Keine Bäume, wenig Gras, sieben Monate kaum Sonne. Eigentlich ein trauriges Leben, aber den beiden ging es nicht schlecht. Ihr Vater war ein reicher Mann, sie lebten in richtigen Häusern, und im Winter mussten sie nicht um das Überleben ihrer Familien bangen. Arnór liebte es zu rodeln, die verschneiten Schneisen auf dem Hügel namens Tungustapi boten sich dafür an. Der Hügel war perfekt, wenn der Schnee frisch und feucht war. Sveinn war stiller, verschlossener als sein Bruder. Während Arnór rodelte, ging Sveinn in die Kirche – und schwieg. Andere Menschen sahen in ihm einen Sonderling, einen, der angeblich auch mit den Elfen sprechen konnte. Manchmal schimpfte er mit seinem Bruder und den Kindern, sie machten ihm zu viel Lärm, wenn sie, vor Freude schreiend, den Hügel hinunterrodelten. Jauchzende Kinder waren in diesen Zeiten selten in Island, und Sveinn ertrug das Gebrüll nicht.

»Sei nicht so langweilig«, rief ihm sein Bruder Arnór zu. »Wir werden die verborgenen Menschen schon nicht stören«, neckte er ihn. Aber Sveinn blieb streng, drohte Arnór, dieser werde sein respektloses Geschrei noch bereuen und bezahlen müssen für sein unflätiges Verhalten.

Sveinns wurde immer stiller und verschlossener. Niemand wusste warum. Der Vater in Sorge, der Bruder sorglos wie immer. Jedes Neujahr spazierte Sveinn schweigend zum Tungustapi-Berg – und verschwand für einige Zeit. Eines Tages wurde Arnór neugierig und folgte Sveinn in die Nacht.

Als Arnór den Hügel erreichte, öffnete sich plötzlich eine Tür, hoch und schmal, die vorher nicht sichtbar war. Das ganze Hügelchen schien jetzt aufzubrechen, und ein Licht drang aus dem Berg hinaus in die winterliche Nacht. Arnór erschrak nicht, als er einen Kirchenraum im Inneren sah. Zumindest sah es aus wie in einer Kirche. Sein Bruder Sveinn stand in der Mitte eines hell erleuchteten Saals, umgeben von düster gekleideten Wesen. Es wirkte, als würden sie eine Messe für Sveinn abhalten. Als würden sie dem zuhören, was der Bruder erzählte.

Ein seltsamer Ton klang durch die Kirche, mitten im Berg, ein Summen. Gleißendes Kerzenlicht erhellte durch komplizierte Spiegelkonstruktionen den Raum. In den Fels hinein geschlagen waren hohe Säulen, hinten, dort wo in einer Kirche normalerweise der schön geschmückte Altar steht, befand sich nur ein einfacher Holztisch, auf dem eine graue Decke lag.

Arnór bekam es nun doch mit der Angst zu tun und rief: »Du musst jetzt mitkommen, Sveinn, du musst diesen Raum verlassen.« Er schrie, als hinge sein Leben davon ab, hatte Angst um seinen Bruder. Dieser drehte sich jetzt langsam um, er war genauso gekleidet wie die Wesen. Die Augen leer, die Lippen eingezogen, das Gesicht ohne Emotionen. Es schien, als gehörte Sveinn dazu, zu dieser unheimlichen Gruppierung.

Ein Mann, er schien der Priester dieser fremdartigen Gemeinde zu sein, begann plötzlich mit hoher Stimme zu schimpfen. Eine Stimme, wie kein Mensch sie in seiner Kehle trägt. Fein, silbrig, schneidend zog die Stimme durch diese unterirdische Kirche, bis sie die Ohren von Arnór erreichte.

»Verschwinde«, sagte die Stimme. Der Mann war von schmaler Gestalt, aber von unheimlicher Länge, fast durchsichtig, und er blickte streng zu Arnór.

»Verlass diese Kirche«, wiederholte er. »Sofort.«

Aber Arnór war mutig, wollte seinen Bruder nicht zurücklassen, er war sich sicher, ihn nie wiederzusehen, würde er ihn heute zurücklassen. Er musste ihn retten.

»Jetzt komm schon«, rief Arnór verzweifelt. Aber Sveinn reagierte nicht. Sein leerer Blick ruhte auf seinem Bruder, als erkenne er ihn nicht.

»Sveinn«, flüsterte Arnór.

Dann plötzlich veränderten sich Sveinns Augen, als wäre die Sonne nach einem langen Winter wieder aufgegangen, die Wolken verschwunden, der Blick wieder klar, und Sveinn drehte sich um, wandte den Blick ab vom Priester und schritt langsam auf Arnór zu.

»Halt«, rief der Priester. Die Brüder liefen jetzt aufeinander zu, wollten sich an den Händen fassen, um die Kirche zu verlassen. Doch der Priester, das seltsame Wesen, war schneller. Und in Rage.

»Verschließt die Türen«, befahl er seinen fremdartigen Mönchen. Und dann, in Richtung der Brüder: »Bestraft den Bruder, bestraft ihn unerbittlich, er hat unsere Messe entweiht, das darf nicht ungesühnt bleiben!«

»Los«, raunte Sveinn und schubste seinen Bruder ins Freie. »Renn!«, rief er Arnór hinterher. Und Arnór rannte, hörte den Priester mit seiner kristallklaren Stimme schreien, als miauten tausend gequälte Katzen: »Sveinn, du wirst jetzt auf ewig hierbleiben – und solltest du deinen Bruder jemals wieder lebend sehen, stirbst du sofort.« Dann schloss sich der Berg, und Sveinn wurde von ihm verschluckt.

Die Nacht war eisig, der Wind drang Arnór unter die Kleidung, als er das wütende Schnauben aufgestachelter Pferde hörte. Die Mönche waren nun beritten und riefen nach Arnór.

»Wo bist du?«, klangen die fremden Stimmen durch die Landschaft. Arnór versteckte sich. Aber nicht gut genug. Diese bizarren Wesen leuchteten, und der Schnee reflektierte den Schein. Die stockfinstere Nacht wurde erleuchtet von diesem kalten Licht, und Arnórs Körper warf einen Schatten.

Den entdeckten die Reiter, jagten Arnór auf ihren Pferden nach, der nun davonrannte, zu flüchten versuchte, ohne sich umzudrehen. Aber das war ein Fehler, die Reiter waren viel schneller, die Hufe der wütenden Pferde schwebten über den Schnee, Arnórs Füße sackten immer und immer wieder in die eisige Decke ein. Er war zu langsam und zu schwach.

Sie droschen und schlugen auf Arnór ein, bis er sich nicht mehr regte. Dann verschwanden sie in der Nacht. Verschwanden in dem Hügel, ließen den blutenden Arnór zurück.

Der Vater, besorgt, wo seine Söhne in der Neujahrsnacht sein könnten, fand seinen Sohn schwer verletzt, der Schädel blutig, die Hände gebrochen, die Lippen blau von der kalten Luft.

»Wo ist Sveinn?«, fragte der Vater, und der Sohn deutete schwach in Richtung Tungustapi.

»Was ist passiert?«, wollte der Vater mit Tränen in den Augen wissen. Und Arnór erzählte von der Kapelle, von der Messe und den seltsamen Wesen, von Sveinns Augen, von der Verfolgung, von den Schlägen und Schmerzen.

Als der Vater schließlich versuchte, seinen Sohn hochzuheben, schrie er vor Schmerzen auf. Ein letztes Aufbäumen, Blut floss aus seinem Mund, dann hörte auch das auf. Arnór starb im Schnee. Seitdem nennt man die Schneisen, auf denen Arnór und seine Kinder so gerne rodelten, die Todesschneisen, Banabrekkur.

Sveinn konnte schließlich aus der Bergkapelle entkommen, doch den Tod seines Bruders hat er nie verarbeitet. Die Erlebnisse in der Kirche waren so grausam, dass er nicht mal mehr in die Richtung von Tungustapi blickte.

Er entschied sich, Mönch im Kloster von Helgafell zu werden. Dort konnte er schweigen und musste nicht über das sprechen, was er in diesem Berg erlebt hatte. Was er dort gefühlt hatte. Was ihm Freude bereitete, war das Singen – und die Menschen kamen von weit her, weil niemand so schöne Messen sang wie Sveinn. Die Menschen hörten ihm zu.

Als der Vater alt und schwach war, wünschte er sich von seinem Sohn, dass er die Ostermesse sänge. Es sollte sein letzter Wunsch sein.

»Ich möchte währenddessen sterben«, sagte der Vater. Nur widerwillig erfüllte Sveinn ihm diesen Wunsch.

»Unter einer Bedingung«, sagte er. »Niemand wird die Türen der Kapelle öffnen, während ich für dich singe, nur wir beide werden da sein.«

Der Vater willigte ein. Er hatte keine andere Wahl, als auf die Wünsche seines einzigen noch lebenden Sohnes einzugehen.

So erklang der liebliche Gesang, Töne, wie sie nie zuvor gehört worden waren, von unnatürlicher Schönheit. Der Vater schloss die Augen, als sich plötzlich wie durch einen Frühlingssturm die Türen der Kirche öffneten. Alles schien verwandelt, als würde durch den Gesang eine andere Welt in die Kirche Einzug halten. Es war die Kapelle von Tungustapi, die nun im grellen Licht erschien. Das gleiche Strahlen, das schon Arnór gesehen hatte. Nur es war nicht Sveinn, der sang, sondern es waren die verborgenen Menschen, wie durch ein unheimliches Wunder war das singende Huldufólk anwesend. Der Priester sang – Sveinn sah ihm in die Augen. Er starb auf der Stelle, und sein Vater folgte ihm.

Das fasziniert mich so sehr an den Islandsagas, ihre dramatische Schönheit und Klarheit. Sie sind einfach zu Ende. Da werden Familien auseinandergerissen, große Dramen spielen sich ab, viele Menschen sterben. Unglücke und unglückliche Zufälle geschehen. Wozu das dient? Am Ende erzählt man sich diese Geschichten vielleicht nur, um eine Erklärung dafür zu haben, warum die Schlitterbahnen eines Hügels im Nordwesten Islands Todesschneisen genannt werden und weshalb die Türen isländischer Kirchen nach Westen zeigen: Die Türen der Kirchen des Huldufólk zeigen nämlich nach Osten, heißt es. Um das zu begründen, wird in eine Familiengeschichte eine blutige Schneise geschnitten.

Ich kenne eine Person in Island, die diese Geschichten besonders eindrücklich erzählen kann: Einfach in Stykkishólmur, im Hostel am Hafen, nach Sarah fragen, eine junge Frau, vielleicht fünfunddreißig Jahre alt. Sie erzählt die besten Gruselgeschichten. Wirklich.

SEX MIT ELFEN

Es soll Menschen geben, denen keine Strapaze zu groß ist, um Sex zu haben. Die Weltreisen machen, nur für den Koitus. Unglaublich. Sie reisen nach Thailand, um dort andere Touristen zu beschlafen, oder nach Argentinien, damit sie am St. Patricks Day (größte Parade außerhalb Irlands) eine Frau oder einen Mann kennenlernen. Alle sind da betrunken, ein leichtes Spiel also.

Das ist natürlich unvernünftig. Geschlechtskrankheiten, Schwangerschaften, Liebeskummer sind die Folge dieses unrühmlichen Verhaltens. Nicht auszudenken, was passieren würde, wenn das jeder machte. (Wie das im Einzelfall aussieht, siehe mein Buch *In 80 Frauen um die Welt*).

Island ist für diese Art Reisen ein wichtiges Land, viele Männer und Frauen schwärmen von den Isländern, die willenlos betrunken über die Barhocker rutschen und nur darauf warten, mit in billige Hotelzimmer genommen zu werden. Von Isländern, die besonders in den Wintermonaten nichts anderes zu tun haben und traurig, dem Selbstmord nahe, mit ihren Hosen in den Kniekehlen auf die Besucher warten.

Das ist natürlich Quatsch. Island als Land für Sextourismus ist sowieso völlig unrealistisch. Der Alkohol ist viel zu teuer. Doch gibt es in Island eine Möglichkeit, Geschlechtsverkehr zu haben, die anderswo auf der Welt nicht möglich ist. Dieser Sex ist so absurd, dass er vermutlich auf keiner »Bucket List« steht. Er ist so weit hergeholt, dass niemand davon träumen kann. Buchen Sie schon mal Ihren Flug, denn wenn Ihnen die Natur, die einsamen Straßen und die unhöflichen Menschen nicht reichen, haben Sie jetzt einen Grund, nach Island zu reisen: Sex mit Elfen. Ja, das geht.

Als ich zum ersten Mal davon hörte, wunderte ich mich. Das ist wohl eine natürliche Reaktion. Das war vor fünf oder sechs Jahren, seitdem habe ich immer wieder Isländer gefragt, wie Sex mit Elfen funktioniert und ob sie auch schon welchen hatten. Der Großteil der Befragten hat mich ungläubig angesehen und dann rückwärtslaufend den Raum verlassen. Das lag wohl nicht nur daran, dass das ungefähr so ist, als würde man in Deutschland jemanden fragen, ob er Sex mit dem bösen Wolf hatte, sondern auch daran, dass die Elfen als Teil der »Hidden People« nicht besonders hübsch sind. Aber Fetische gibt's ja für alles – in Borneo zum Beispiel sogar einen Puff mit Orang-Utans. Da erscheint mir Sex mit Elfen schon geradezu normal.

Einen dokumentierten Fall gibt es tatsächlich. Zumindest behauptet Hallgerður Hallgrímsdóttir, eine isländische Künstlerin, sie wäre in diesen Genuss gekommen. Immer und immer wieder, denn Sex mit Menschen sei im Vergleich damit sehr langweilig. Und natürlich hat sie darüber ein Buch geschrieben: *Please yoursELF*. Es ist eine artyfarty Version von *The Joy of Sex*, nur eben für Menschen und Elfen. Leider sind die Bilder darin eher gekrakelt und erinnern an lustlose Zeichnungen, die Büroangestellte anfertigen, während sie telefonieren. Die erotische Kraft, die von Elfen ausgehen soll, lässt sich nicht erkennen.

Wer mit Elfen schlafen will, muss zu ihnen gehen. Muss über die weiten Wiesen laufen, in die Berge und das Hinterland, sich in ein Flussbett legen. Es dürfte niemanden überraschen, dass lüsterne Elfen nicht im Bónus-Supermarkt in Reykjavík Downtown warten. Wichtig ist: weit weg von jedweder Zivilisation nach ihnen zu suchen. Eine sehr leichte Übung in Island. Die Elfen, unsichtbar, einem Windhauch gleich, flüstern dann. Auch Hallgerður Hallgrímsdóttir wurde ins Ohr

geflüstert: »Dirty Talk«. Allerdings ist unklar, was genau geflüstert wurde. Und wie Dirty Talk von Elfen funktioniert.
»Du siehst schön aus.«
»Danke.«
»Sex?«

Mir fehlt tatsächlich die Phantasie, um mir das anzügliche Flüstern einer Elfe vorzustellen. »Im Vergleich zu Menschen sind Elfen großartige Liebhaber«, meint Hallgrímsdóttir. Sie seien wirklich gut im Oralverkehr und wüssten genau, was sie tun. Der große Vorteil von Elfensex sei, dass sie zudem genau wissen, was DU willst. Sie lesen Gedanken, müssen nicht fragen.

Vermutlich ist das eine freundliche Erinnerung daran, was menschliche Sexualität so anstrengend macht: darüber reden. Elfen hingegen sind schweigsame, allwissende Liebhaber. Sie sind auch sehr modern, was ihre Sexualität betrifft. Es gibt keine schwulen oder lesbischen Elfen, es gibt einfach nur Sex. Männliche Elfen, weibliche Elfen, alle schlafen miteinander ohne Scham, ohne sich darüber Gedanken zu machen. Keine Genderdebatten, der Lustgewinn steht an erster Stelle. Der Grund für diese Sorg- und Schamlosigkeit sind die Orgasmen. Die vermutlich besten der Welt, herbeigeführt durch Elfenzunge, -glied oder -hand. Unvergleichlich.

Hallgerður Hallgrímsdóttir hatte nach eigenen Angaben sehr viel Sex mit Elfen und konnte dadurch viele verschiedene Positionen ausprobieren und dokumentieren. Der größte Vorteil einer Elfe ist: Sie ist sehr leicht, so dass sie sich auf die Schulter setzen kann – und absurdeste Sexstellungen werden plötzlich möglich. Sie schweben förmlich und »ihre Haut schimmert silbern«, schreibt Hallgrímsdóttir. Und ihr Samen glitzert. Hm.

Klingt super, aber es werden auch Warnungen ausgesprochen: Nicht alles ist mit Elfen möglich. Urin beispielsweise ist etwas, das Elfen nicht kennen, da sie keine Verdauung haben. Sie sind daher sehr schockiert, wenn sie pinkelnde Menschen sehen. Geschlechtskrankheiten sind hingegen kein Problem, sie können keine haben, und man selbst muss daher nicht sonderlich aufpassen. Schwangerschaften sind auch nicht der Rede wert, es sei denn, Elfe und Mensch einigen sich eindeutig darauf.

»Das wäre eigentlich das Coolste, ein Elfenkind!«, denke ich seit Jahren und konzentriere mich jedes Mal, wenn ich alleine in der Landschaft Islands unterwegs bin, darauf, eine Elfin kennenzulernen. Ich meine das vollkommen ernst. Aber ich habe nie eine kennengelernt, kein Dirty Talk in meinem Ohr, nichts.

Nur der Wind.

Das mit dem Elfensex ist völliger Quatsch. Vor inzwischen zwölf Jahren haben sich Studenten der Kunsthochschule in Island diese Geschichte ausgedacht, und bis heute spukt sie in den Köpfen der elfenverrückten Touristen herum. Und vor allem im Internet. Wir wollen es glauben, weil es doch so schön wäre. Ich empfehle Ihnen stattdessen das Phallusmuseum in der Innenstadt von Reykjavík, dort gibt es Walpenisse: http://phallus.is/de/.

GUNS N' GOOSES – VOM FRIEDLICHSTEN LAND DER WELT

Sibylle Berg hat ein schreckliches, aber gutes Buch geschrieben, eine Sammlung von Texten, es heißt *Wunderbare Jahre. Als wir noch die Welt bereisten*. Sie erzählt darin von ihren Reisen in Länder, in die wir heute nicht mehr fahren können, weil dort Krieg, Hunger, Verzweiflung herrschen. Mir geht das ähnlich, wenn ich auf meine Reiseländer schaue: Neunzig Länder habe ich mittlerweile besucht und bei mindestens siebzig Prozent davon wird mittlerweile akut vor einer Reise gewarnt. Dort werden Menschen erschossen, ausgeraubt und vergewaltigt. Ägypten, Türkei, der Nahe Osten oder Südostasien.

Das ist in Island anders. Island ist, neben Japan, vermutlich das sicherste Land der Welt. In Island passiert nichts. Wirklich gar nichts. Mit durchschnittlich einem Mord im Jahr hat Island die drittkleinste Mordrate der Welt. Nur Liechtenstein und Singapur sind noch sicherer diesbezüglich. (Keine Ahnung, wie das geht – ein halber Mord? Gar kein Mord?)

2013 wurde zum ersten Mal in der isländischen Geschichte ein Krimineller von der Polizei erschossen. Ein Schock für die Nation. »So was passiert bei uns nicht«, sagte damals die Journalistin Þóra Arnórsdóttir internationalen Medien.

Der Mann hatte auf Polizisten geschossen, als diese versuchten, sein Haus zu stürmen. Das Dramatische daran: Allen war bekannt, dieser Mann hatte eine Scheibe, er war seelisch krank. Er ist einfach durchgedreht. Die Konsequenz: Island trauerte, um den Erschossenen und für die Polizei, weil es keine leichte Sache ist, einen Menschen zu erschießen.

Die Polizei in Island trägt in der Regel nicht mal Schusswaffen, weil es keinen Grund gibt, sie zu benutzen. Und weil sie gefährlich sind. Das isländische Volk ist gegen eine Bewaffnung der Polizei. Dabei sind Waffen nichts Ungewöhnliches für die Isländer. In Island gibt es rund 90 000 registrierte Schusswaffen – bei 340 000 Menschen. Die werden einfach im Keller oder in der Abstellkammer gelagert. Genutzt werden sie zur Jagd, was mich etwas verblüfft. Sollte ich jemals ein Rentier oder Ähnliches in Island sehen, würde ich es nicht erschießen, denn man sieht selten Tiere, die größer als eine Katze sind. Da sollte man die wenigen großen nicht einfach abschießen.

Säugetiere sind so selten auf dieser Insel, dass jede Sichtung einer Sensation gleichkommt. Ich habe einmal ein Kaninchen gesehen, mitten in Reykjavík. Ich habe es verfolgt, bin ihm hinterhergelaufen, nur um Fotos zu machen und sie an meine Freunde zu schicken. Seht her, ich habe ein Kaninchen gesehen. Das stammte wohl auch nur von einem ausgesetzten Hauskaninchen ab, auf das die Kinder keine Lust mehr hatten. Manche suchen Walhaie im Indischen Ozean, ich finde Kaninchen in Island.

Aber zurück zu dem toten Mann. Nachdem er erschossen worden war, hat die Polizei ein Trauerbüro eingerichtet, sich bei der Familie des Opfers entschuldigt. Nicht, weil sie dachten, sie hätten etwas Falsches getan, sondern einfach nur aus Menschlichkeit. Freundlichkeit.

»Niemand will das Leben eines anderen nehmen«, sagte Arnórsdóttir dazu.

Es gibt sie, die Waffen in Island, und zwar gar nicht wenige, aber warum gibt es kaum Kriminalität in Island? Die einfachste Erklärung ist: Es gibt kaum Unterschiede zwischen Mittel-, Unter- und Oberschicht. Es gibt wenig Reibungen, wenig sozialen Neid und deswegen auch kaum Gewalt.

Isländer jagen ihren eigenen, fliegenden Weihnachtsbraten. An vier Wochenenden im Herbst wird die Schonzeit für Schneehühner aufgehoben. Da sie traditionell das Essen für Heiligabend sind, ziehen alle los und ballern auf die kleinen Schneehühner. Um satt zu werden, rechnet man etwa drei Hühner pro Person. Der Druck ist also immens. Zu kaufen gibt es die Hühner nicht, und so entsteht kurz vor Weihnachten ein reger Schwarzmarkt für die Minihühner. Sie sollen nicht besonders gut schmecken. Aber was schmeckt schon gut in Island?

ICELAND AIRWAVES – TANZEN, FRIEREN, FÜHLEN

Einmal im Jahr findet das Iceland Airwaves statt. Im Winter, also alles nach Oktober. Es ist die beste Zeit, um in dieses Land zu reisen, weil es jetzt leer ist und die sechs Stunden Licht am Tag ein konstantes Gefühl vom zweiten Weihnachtsfeiertag vermitteln. Zudem ist in der letzten Jahreshälfte alles weniger teuer. Die Hotels sind nicht so voll, die Mehrbettzimmer können als Doppelzimmer genutzt werden – die Abwesenheit von Touristen war für Island aber natürlich ein Problem. Leere Betten bedeuten keine Einnahmen, und das sollte sich ändern.

1999 fand das Iceland Airwaves-Festival erstmals am Reykjavíker Inlandflughafen statt – und zieht zwischen Ende Oktober und Anfang November bis heute die Leute an. Island ist Musik, das ist kein Geheimnis. Jeder beherrscht irgendein Instrument, und irgendwann schließen sich die Musiker zu Bands zusammen.

2009 war ich zum ersten Mal auf dem Airwaves und es fühlte sich an wie ein großes Branchentreffen, Journalisten aller Musikmagazine weltweit waren da. 2009 gab es noch Musikmagazine, die gedruckt wurden, die über Künstler berichteten, und dann gab es erfolgreiche Karrieren. Auch das Festival war etwas für Insider.

Das hat sich gewandelt, mittlerweile wird das Iceland Airwaves von Zehntausenden besucht, und das ist ein Problem, es sind einfach zu viele Menschen. Ein »Rock am Ring« oder »Hurricane« braucht viele Menschen, um zu funktionieren, das Iceland Airwaves braucht sie nicht. Das Festival findet heute über ganz Reykjavík verteilt statt, in jeder Bar, jeder

Kneipe, jedem Restaurant gibt es Konzerte. Die Modeläden, selbst die Hotdog-Buden werden über ein Wochenende zu Venues, zu Auftrittsorten für bekannte und unbekannte Künstler. Da tritt The Knife neben isländischen Rappern auf. Modeselektor spielt sein bestes Set in Island und Sigur Rós spielt vor zweihundertfünfzig Leuten. Blur kommt vorbei und selbst Liam von Oasis soll regelmäßig zum Airwaves kommen – was ich allerdings für ein Gerücht halte.

Eigentlich geht es gar nicht in erster Linie um die Musik, sondern vielmehr um das Gefühl. Mitte Oktober fühlt sich Reykjavík schon sehr weihnachtlich an, es ist gemütlich. Alle sind betrunken, feiern, und es entsteht dieses freundschaftliche Gefühl. Menschen, die sich nicht kennen, fühlen sich plötzlich miteinander verbunden, so wie die Heimkehrer am 24. Dezember, wenn alle zu ihren Eltern fahren und sich in den Zügen treffen. Es wird geraucht, herumgestanden im Wind, es werden Würstchen gegessen und es wird geküsst. Es ist einfach ein gutes Festival, bei dem es nicht darum geht, durch Schlammpfützen zu robben und auf LSD an DIXI-Toiletten zu lecken. Es fühlt sich an wie eine Riesenfeier, die sich in der eisigen Küche eines Freundes abspielt.

Wenn ich in Island flirte, dann auf dem Airwaves. Einmal stand ich vor einer Kneipe, es spielte keine Rolle, welche Musik lief, ich wollte einfach nur dort stehen, trinken und rauchen. Neben mir eine Frau, hübsch, ein kleiner Körper, ein spitzes Gesicht, eine Isländerin, wie ich sie mir immer vorgestellt habe.

Ich drehe mich zu meinem Freund um, erzähle, wie zauberhaft ich diese Frau finde, überlege laut, ob sie einen Freund hat.

»Ich komme aus Hamburg«, sagt die Isländerin.

Aber es war egal, es fühlte sich okay an, und ich habe mich wirklich nur kurz geschämt.

Das Problem des Airwaves ist nun aber: Diese vielen Menschen kommen, und wer kein Pressebändchen hat, steht stundenlang in der eisigen Kälte und wird wieder nüchtern. Es stürmt eigentlich jedes Jahr während des Festivals, und so wartet man im Windkanal. Verliert den Kontakt zur Party. Und da Alkohol in Island eine Wertanlage ist, entspricht jedes Warten einem großen Verlust. Nüchternheit, das wissen wir alle, ist der Feind jeder Küchenparty.

Während das Airwaves stattfindet, werden zudem alle Hotelzimmer teuer und es ist fast unmöglich, spontan eine Unterkunft zu finden. Es ist ein bisschen so wie Hannover und die CeBIT. Wichtig ist daher frühes Buchen oder, was Isländer wirklich gerne machen, Wohnungstausch. Wer zufälligerweise in Deutschland in einer für Isländer coolen Stadt wohnt (Berlin, Hamburg, vielleicht Köln), hat gute Chancen, privat unterzukommen, wenn er seine eigene Wohnung zur Verfügung stellt. Das ist auch die einzige vernünftige Option. Zimmer, die in der Hochsaison hundertfünfzig Euro kosten, kosten während des Airwaves gerne mal fünfhundert Euro.

Am finalen Sonntag dieses Festivals gibt es immer eine Art »Come down« in der Blauen Lagune, diesem unsäglichen Freibad, das so tut, als wäre es eine heiße Quelle. Auch hier ist es wichtig, Tickets vorher zu buchen. Verkatert bei Minusgraden im salzigen Wasser zu liegen und Bier zu trinken ist tatsächlich eine echte Bereicherung. Dort trifft man nicht nur den Kusspartner der letzten Nacht, sondern hängt auch mit Musikern ab. Aber Achtung, noch nie habe ich jemanden zum Pinkeln rausgehen sehen. Die meisten machen einfach ins Wasser.

Ab 2017 wird das Airwaves zum ersten Mal auch in Akureyri stattfinden, denn Reykjavík ist einfach zu voll. Kein Platz mehr für Touristen, Musiker und Locals. Somit dürfte das Iceland Airwaves nicht nur das nördlichste Festival der Welt sein, sondern auch das größte. Denn wie viele Festivals können schon von sich behaupten, sich über ein ganzes Land zu ziehen?

Die beiden isländischen Fluglinien Icelandair und WOW Air bieten Airwaves-Pakete an. Sie enthalten den Flug, Festivaltickets und die Unterkunft. Günstiger kommt man nicht auf das Iceland Airwaves.

ISLÄNDISCHER HUMOR = HUGLEIKUR DAGSSON

Ich dachte immer, ich sei ein lustiger Mensch. Keiner, bei dem die Freunde schenkelklopfend und tränenden Auges sagen: »Stopp, hör auf, ich kann nicht mehr«, aber eben einer, der auch mal einen Witz erzählen kann. Über den die Freunde kichern. Ich bin eher der Kicher-kicher-Typ.

Wer sich aber mal so richtig mies fühlen will, nachdem er einen Witz gemacht hat, der muss nach Island. Noch nie zuvor fühlte ich mich in einem Land so sehr missverstanden. Noch nie habe ich mich wie ein Witze*trottel* gefühlt – außer im Gespräch mit Isländern. Wie dieser eine Freund im Freundeskreis, der es immer übertreiben muss, der immer über das Witzeziel hinausschießt.

Was habe ich für lustige Anekdoten aus Deutschland erzählt und dabei gedacht: »Alter, wenn ich irgendwann mal für Fasching eine Büttenrede halten soll, kein Problem. Ich kann das!« Kicher, kicher. Ich kann es nicht. Zumindest nicht in Island. Witzigkeit funktioniert in diesem Land anders.

Irgendwann fing ich an, die eisige Stille nach meinem Witz einfach als Lachen zu deuten. Als Zeichen der Zustimmung. Und doch habe ich mich immer wieder gefragt, warum diese Menschen nicht lachen, nicht so, wie ich es gewohnt bin. Was ist der Grund dafür, dass der Humor in Island anders ist als bei uns, in Deutschland? Um ehrlich zu sein, habe ich nach meinen Islandreisen oft gedacht: Wahrscheinlich bin ich nicht lustig. Vielleicht stimmt es sogar und es liegt an meinem Herkunftsland: Deutschland ist sehr humorlos.

Humor in Island ist dunkel. Öffnen Sie im Winter das Fenster nach sechzehn Uhr. So dunkel. Das beste Beispiel ist

Hugleikur Dagsson, ein isländischer Cartoonist und Autor. Wir in Deutschland haben »Liebe ist ...«-Bildchen in der *Bild*-Zeitung, die Isländer haben Dagsson. Ich habe für dieses Buch mit ihm gesprochen, um das Rätsel des schwarzen Humors zu lösen.

Hugleikur Dagsson ist 1977 in Island geboren. Seine Karikaturen geistern seit Jahren durchs Internet. Niemand beschreibt den tragisch desinteressierten weißen Mann besser als er. Außer für seine Strichmännchen ist er in seiner Heimat auch als Radiomoderator, Theaterautor und Stand-up-Comedian bekannt.

Was bedeutet Humor für Isländer?
»Das ist eigentlich ziemlich leicht: Wenn wir lachen und gleichzeitig ernst sein können, dann entspricht das unserem Humor. Bei Slapstick leiden wir«, sagt Dagsson in einem Gespräch mit mir und erklärt, dass Düsternis und Humor schon seit Jahrhunderten Teil der isländischen Kultur seien. Die isländischen Sagas sind manchmal sehr brutal, da wird geköpft und gespalten. »Und irgendwie kann das auch lustig sein, wenn der eigene Bruder zerhackt wird, oder?«, fragt Dagsson.
Wir lesen die Sagas heute als historische Schätze, als Einblicke in eine untergegangene Kultur. In Wirklichkeit seien die Sagas aber ziemlich lang erzählte Witze, die keiner richtig ernst nehmen könne, meint der Cartoonist. Witze über verschwundene Kinder, erfrorene Väter und gespenstige Gestalten. Damals Drama, heute Witz. Zumindest sieht Dagsson das so.

Der isländische Humor ist nicht einzigartig auf der Welt, die Finnen lachen über Ähnliches. Dagsson erklärt sich das folgendermaßen: »Die Finnen leben, wie wir, in ständiger Dunkelheit in ihren Holzhütten. Sie bringen sich genauso oft wie wir deswegen um. Die Finnen sind in zahllosen Kriegen gestorben, wir sind einfach verhungert. Um das erträglich zu machen, muss man darüber lachen. Es gibt ja nicht viel, was lustig ist. Also macht man sich einfach über alles lustig.«

Dagssons simple Zeichnungen machen sich über Brudermord, Inzest, Pädophilie, Kirche und Politik lustig. Sie blicken tief in die Seele der Menschen, und das Erstaunliche ist, sie funktionieren nicht nur in Island. Regelmäßig trenden seine Zeichnungen im Internet, seine Bücher sind in Island allesamt Bestseller und werden auch in andere Sprachen übersetzt. Weil sie trotz des düsteren Humors menschlich bleiben, weil sie Probleme beschreiben, die wir kennen, von denen wir hören, die wir in den Nachrichten lesen. Ich wusste vorher nur nicht, dass ich darüber lachen darf.

Als ich das erste Mal Dagssons Illustrationen sah, stand ich mit Jacke und Schal in einer isländischen Buchhandlung. Ich sah mir die Zeichnungen an und kicherte, fühlte mich aber, als würde ich eine *Blitz-Illu* am Bahnhofskiosk lesen, und schämte mich ein bisschen. Ich wollte nicht, dass Menschen sehen, wie ich über die Bildchen lache. Über Pfarrer, die Scherze darüber machen, wie sie wen auch immer anfassen.

Vielleicht ist das auch nicht lustig, aber vieles ist wahr. Und Dagsson traut sich, es zu zeichnen. »Warum dieser Humor funktioniert, ist einfach«, meint er, »ich zeichne die Probleme der Ersten Welt auf. Jeder versteht sie.« Beispiel: Ein Mann sitzt vor einem Fernseher und sieht Nachrichten. »144 Tote bei Konflikten im Gaza-Streifen«, sagt der Sprecher. Der Mann, dick, die Fernbedienung im Anschlag: »Ach nee, die Folge kenne ich schon.« Das war's. Betretenes Kichern. »Ich mache mich über alle lustig, über Christen, Kapitalisten, Sozialisten, Ehefrauen.«

Was mich überrascht hat, ist die Tatsache, dass die Isländer Dagsson ebenso ungehörig finden. »Das geht zu weit, das höre ich oft, aber trotzdem wollen die Leute mehr davon«, sagt er. Für Dagsson ist es die größte Auszeichnung, wenn irgendeine christliche Fernsehstation ihn für den Satan mit spitzem Stift hält. Das passiere öfter.

Der isländische Humor, ist man ihm einmal auf der Spur, funktioniert international, weil er immer auch ein Blick hinter den Vorhang ist, Einsicht gewährt in absurde Seelen, dysfunktionale Familien, das Zerstörerische in Beziehungen. Er findet sich im Film, im Comic und in der Literatur. Generell sind skandinavische Erzählungen oft getragen von einer zermürbenden Traurigkeit. Vom dänischen Film *Adams Äpfel*, der die Geschichte eines verwirrten Pfarrers erzählt, bis hin zu Alzheimerkomödien aus Island.

»Die meisten meiner Comics zeichne ich im Winter«, berichtet Dagsson. Das sei sowieso die Zeit, in der die Isländer am besten arbeiten. Warum im Sommer das schöne Licht verschwenden mit Tätigkeiten, die in Räumen stattfinden?

Seine Inspiration für traurige, zynische Comicstrips findet er an jeder Ecke in Island. Meistens sitzt er in Downtown Reykjavík in Cafés, überlegt und beobachtet die Menschen. Es ist Arbeit, lustig zu sein. Jeden Tag einen schwarzhumorigen Witz aufzuschreiben, ist nicht einfach. »Wenn mir mal überhaupt nichts einfällt«, erzählt er, »dann fahre ich nach Keflavík.« Für ihn gebe es keinen deprimierenderen Ort in Island als die kleine Stadt nahe dem Flughafen.

»Was mir an meiner Arbeit Spaß macht, ist, anderen das Gefühl zu vermitteln: Wir Isländer sind so. Ich will, dass die Menschen glauben, wir Isländer seien düstere, seltsame Personen. Ich mache das so lange, bis es selbst die Isländer glauben.«

Hugleikur Dagsson hat recht – es gibt keinen traurigeren Ort als Keflavík. Das Spannendste dort sind zwei kosmopolitische Kreisverkehre: einer mit Mini-Eiffelturm, einer mit Londoner Telefonzelle in der Mitte. Sonst gibt es noch Frittiertes und betrunkene Teenager.

10 DINGE, DIE ICH AN ISLAND LIEBE

1. Kaffee

Es gibt überall in Island Kaffee, und ich trinke wirklich sehr gerne Kaffee. Island wird nicht damit in Verbindung gebracht, aber irgendwie haben seine Bewohner es geschafft, eine Kaffee-Kultur zu entwickeln, die der der Italiener weit voraus ist. Der Kaffee der Kette Kaffitár zum Beispiel ist richtig gut. Und richtig stark. Auch an jeder noch so popligen Tankstelle gibt es guten Kaffee. Ich empfehle Ihnen, verlassen Sie Routinen, verzichten Sie auf den Cappuccino. Trinken Sie so lange den schwarzen Filterkaffee, bis Sie Bauchschmerzen bekommen. Er ist auch ein guter Indikator dafür, wie weit Sie sich von den touristischen Zentren entfernt haben. Je weiter weg, desto günstiger. Irgendwann gibt es die Tasse Kaffee sogar umsonst.

Kaffee kam durch ein seltsames Handelsabkommen nach Island, bevor die Menschen genug zu essen hatten. Schon im 18. Jahrhundert rösteten die Bauern in ihren Torfhäusern Bohnen und schütteten Kaffee in sich rein, bis das große Zittern losging. Daran hat sich bis heute nichts geändert. Auf dem Land steht selbst im Bónus-Supermarkt eine Kanne zur kostenlosen Selbstbedienung.

---

2. Babys bleiben draußen

In Berlin haben wir ein Problem: Muttis und ihre Kinderwagen. Grundsätzlich habe ich nichts gegen Mütter und ihre Kinder. Was mich allerdings stört, ist dieses Selbstverständnis, dass jedes Café, jedes Restaurant für Mütter und ihre Nachkommen geschaffen wurde. Sie stehen im Weg, sie riechen nach Pampers, sie sind laut. In Island nicht. Da bleiben die Wagen vor der Tür. Und was wirklich erstaunlich ist: mit den Babys. Auch wenn es kalt ist. Irgendwie hart, aber auch ein guter Einstieg ins Leben. Geschenkt wird dir nichts.

3. Islendiga, die Inzest-App

Wenn sich Isländer untereinander fortpflanzen, besteht die ernsthafte Gefahr, dass der Partner oder die Partnerin Cousin oder Cousine ist. Island ist nämlich nichts anderes als ein Dorf in Brandenburg. Irgendwie sind alle verwandt. Um zu verhindern, dass, nun ja, die Genetik in ihrer ganzen Härte zuschlägt, gibt es Islendingabók, eine Website, die vor dem Date deutlich macht, in welchem verwandtschaftlichen Verhältnis beide Menschen zueinander stehen. Oder auch nicht. Studenten der Universität von Island haben daraus eine App gemacht. Wer schleppt schon seinen Laptop mit in den Club? Viel wahrscheinlicher ist, ein Handy dabeizuhaben: Vor dem Kuss ein Blick in die App, und schon weißt du, ob du mit deinem Halbbruder abstürzt.

Aber vermutlich ist das den meisten Isländern dann auch egal.

Praktischer Nebeneffekt der App: Sie erinnert dich an alle Geburtstage deiner Verwandten.

4. Die Nasen

Das passt eigentlich auch zu Punkt 3: Egal, wo ich auf der Welt bin, erkenne ich Isländer an ihren lustigen Nasen. So wie ich Amerikaner an ihren Sportschuhen erkenne und Japaner an ihren Frisuren. Es ist ein Spiel, das ich immer an Flughäfen spiele. Menschenerkennen. Die Spitze der Nase ist immer etwas zu weit oben, so als würden alle Isländer ihr Gesicht gegen eine imaginäre Scheibe drücken. Normalgroße Menschen können direkt in die Nasenlöcher ihres Gesprächspartners blicken. Ich finde diese Nasen süß. Und ich weiß natürlich: Nicht alle Isländer haben solche Nasen.

5. Geschlechtskrankheiten: »Is mir egal«

Isländer sind ein bisschen wie unsere Eltern: Kondome? Nur zum Kinderverhüten. Da es die Pille gibt, sind die Isländer Weltmeister im Geschlechtsverkehr ohne Kondom. Was wiederum dazu geführt hat, dass sie auch Europameister der Chlamydien sind und auch der gute alte Tripper sich wieder meldet. Vielleicht liegt es daran, dass es in Island Kondome für acht Euro gibt. Naturkondome. Vielleicht aber auch daran, dass alle viel zu viel trinken.

6. Der Bier-Tag

Bier war bis zum 1. März 1989 verboten. Seitdem gibt es den Bier-Tag. Finde ich einfach nur lustig. Mehr nicht, da ich selbst kein Bier trinke.

Noch mehr Alkohol, um den Alkohol zu feiern. Siehe Punkt 5 und Punkt 3. Dann ist es noch lustiger.

7. Die isländische Sprache

Wenn Ausländer versuchen, Deutsch zu lernen, dann neigen Deutsche dazu, als Lehrer aufzutreten. Immer mit didaktisch richtigen Hinweisen: »Das machst du voll gut. Du sprichst ja besser als die meisten Deutschen, die ich kenne.« Ist natürlich voll Quatsch. In Island ist das anders. Da betonen alle: »Isländisch ist eine sauschwere Sprache, die den Vergleich scheut.« Wie Finnisch, nur sprechen es noch weniger Menschen. In vielen Ländern versuche ich wenigstens ein paar Wortbrocken mitzunehmen. In Island nicht, es sprechen sowieso alle Englisch.

Trotzdem will ich ein Beispiel für die Seltsamkeit des Isländischen nennen.

Die Zahlen eins bis vier werden konjugiert, das F wird gerne mal zum P, das LL zum TL. Der weibliche Vorname Vala wird im Genitiv zu Völu, der männliche Vorname Örn als Nachname für den Nachkommen zu Arnar (Arnarson). Arnar ist wiederum auch ein anderer männlicher Vorname, und er beinhaltet ein gesprochenes, aber nicht geschriebenes D: Ar(d)nar. Der Spitzname für Örn ist Össi, der Spitzname für Björn ist Bjössi. Kristinn ist ein männlicher Vorname, Kristín hingegen weiblich. Hún ist »er«, han ist »sie«. Sie blicken nicht mehr durch? Genau.

Die gute Nachricht ist: Wenn jemand schnell und halbwegs verständlich Isländisch lernen kann, dann sind es Deutsche. Die vier Fälle kennen wir ja, und außerdem sind wir zäh und islandverliebt genug, um das durchzuhalten.

8. Islands Bananenplantage

Island hat die zweitgrößte Bananenplantage Europas. Die besteht zwar nur aus einem halben Gewächshaus, reicht aber zum Angeben und um es auf diese Liste zu schaffen.

9. Die Spießigkeit

Die Isländer sind die spießigen Hippies Nordeuropas. Viele haben Kinder aus Affären, als sie Mitte zwanzig waren – und das ist voll akzeptiert. Sie leben in wilden Ehen und bekommen noch mehr Kinder. Aber: Das Kaufen eines Hauses ist extrem wichtig für Isländer, und ein Sommerhaus sollte auch noch sein. Sie leben nach dem Motto: »Wer zweimal mit derselben pennt, gehört schon zum Establishment. Aber Hauptsache, 'ne Eigentumswohnung.«

10. Lakritze

Island ist das Land der Oma-Süßigkeiten. Oft, wenn ich vor den Regalen stehe und für die nächste fünfstündige Fahrstrecke Ungesundes suche, bin ich überrascht darüber, wie unappetitlich die lokalen Süßigkeiten sind. Siebzig Prozent sind Lakritze, zwanzig Prozent bestehen aus Fisch und der Rest sind Schaumkussvariationen.

Ich habe in diesem Land Lakritze schätzen gelernt. Es färbt die Wangen rot, es ist salzig und macht satt. Mehr müssen Süßigkeiten nicht können, oder?

Samstag gibt es in allen Geschäften fünfzig Prozent Rabatt auf gemischte Tüten. Während die Großen sich also an der echten Bar volllaufen lassen, fressen sich die Kinder an der Süßigkeitenbar (»Nammibar«) voll.

DIE *EDDA* – FACTS AND FIGURES

Ich habe auf all meinen Reisen die *Edda* immer ignoriert. Das fand ich nie schlimm, bis ich mit Rentnern durch Island reiste und anfing, mich mit diesem Stück Literatur zu beschäftigen.*

Die *Edda* ist das wohl wichtigste Werk der isländischen Literatur und hat das Land stark geprägt; alles, was wir heute seltsam oder komisch an Island finden, stammt aus der *Edda*. Nicht nur die Isländer haben eine mittelalterliche Beschreibung ihrer Götter- und Heldensagen, wir in Deutschland haben das auch: Unsere *Edda* heißt *Nibelungenlied*. Nur leider reicht das *Nibelungenlied* heute nur noch für megalomane Opern, und die kulturelle Verankerung beschränkt sich eher auf psychoanalytische Deutungen, als dass sie relevanter Teil der Alltagskultur wäre.

Ich bin mir nicht so sicher, ob es die Wahrnehmung eines Besuchers ist, vielleicht bilde ich mir das auch einfach nur ein, aber in Island ist die Sagenwelt bis heute Teil der Alltagskultur. Möglicherweise erscheint es mir nur als Gast so, dass ich häufig Gespräche über die *Edda* höre. Der Verkäufer an der Tankstelle N1 ist zum Beispiel über zwölf Ecken verwandt mit einer Figur aus dem Werk. Oder genau hier, an dieser oder jener Stelle auf der Insel, ist dieses oder jenes aus der *Edda* passiert.

Oft frage ich mich: Machen die Isländer das auch, wenn

---

* Achtung, alles was Sie in diesem Kapitel über die *Edda* lesen, ist nur halb fundiert. Es wird reichen, um sich auf Partys darüber zu unterhalten, aber danach zu behaupten, man sei ein *Edda*-Profi, nein, dafür reicht es nicht.

keine Touristen zugegen sind? Reden sie dann auch so oft über Heldenlieder und was sie uns heute noch bedeuten? Ich glaube kaum. Trotzdem schadet es nicht, von diesem Werk schon mal gehört zu haben, wenn man nach Island reist. Deswegen hier ein paar Fakten:

Eigentlich gibt es zwei *Eddas*, beide geschrieben in Altisländisch, beide nach der Christianisierung verfasst. Trotzdem sind sie unterschiedlich. Die Snorra-*Edda*, die Schrift, die als erste »Edda« genannt wurde, wurde im 13. Jahrhundert für den norwegischen König von Snorri Sturluson, einem isländischen Dichter und Politiker, verfasst. Sie ist eigentlich ein Lehrbuch: So schreibt man richtig gute Sagen und Heldengeschichten, mit zahllosen Beispielen aus der isländischen Mythenwelt.

Die zweite ist die Lieder-*Edda*, sie ist bekannter als das erste Buch und die Grundlage für all die *Edda*-Zusammenfassungen in Reiseführern über Island. Auch dieser hier.

Also, wenn ich oder die Isländer von der *Edda* sprechen, dann meinen wir die Lieder-*Edda*. Es ist, wie der Name schon verrät, eine Sammlung isländischer Lieder, die, und das überrascht kaum, von den Bedingungen des Überlebens auf Island erzählen. Unter anderem.

Eine Funktion der *Edda* war Wissensvermittlung, Kenntnisse sollten an die nächsten Generationen weitergegeben werden können. Grundsätzlich lässt sich die *Edda* in zwei Teile gliedern, in die Götterlieder und die Heldenlieder. Um es kurz zu fassen: Die Götterlieder vermitteln die wichtigen Sachen, die sich die Dichter, die die *Edda* lesen, merken und rezitieren sollten. Zum Beispiel Sittenregeln: Es ist nicht okay, innerhalb der eigenen Familie neue Familienmitglieder zu zeugen. Und die Texte enthalten jede Menge Beschreibungen von Trinkgelagen.

Die Heldenlieder schaffen eine Verbindung zum Festland, die Nibelungensage wird hier auch verarbeitet. Verschiedenste germanische Helden werden besungen und die Stars der Zeit tauchen auf: Attila, der Hunnenkönig, zum Beispiel. Die Verbindung zu den germanischen Sagen wird an vielen Figuren deutlich: Fáfnir etwa, ein Drache, der in den isländischen Nibelungen auftaucht, findet sich später als Fafner in Wagners *Ring der Nibelungen*.

Die *Edda* ist also eine Mischung aus *Bunte* und Lehrbuch. Ein cleverer Schachzug der Schreiber, Gossip und Wissen miteinander zu vereinen.

All das erzählte mir die Frau im Heimatmuseum von Skógar, zwischen alten Decken und ausgestopften Tieren, und ich hatte einen dieser seltenen Erweckungsmomente. Nicht nur, dass die alten historischen Texte ihre Schwere verloren, ihre Unverständlichkeit, ich realisierte auch: Gedichte reimen sich, damit man sie sich besser merken kann. Nicht, weil es schön klingt.

Zurück zur *Edda*: Das Faszinierendste an dieser Schrift ist ihr Alter: Die Literaturwissenschaft spekuliert darüber, wie alt die einzelnen Geschichten und Sagen in der Lieder-*Edda* sind. Klar ist: Manche Texte sind noch vor dem 10. Jahrhundert entstanden, und sie wurden bis zur Niederschrift immer mündlich vorgetragen. Wurden später Abschriften angefertigt, mischten die Autoren immer einen neuen, modernen Stil unter – und so veränderten sich die Texte. Sie nahmen neue Formen an, die Geschichten wurden blumiger.

Zwischen den Versen befanden sich ursprünglich kurze Prosastücke, die aber nach und nach verlorengegangen sind. Niemand konnte sich die langen Texte merken, und so verschwanden sie aus der *Edda*. Irre. Ein weiterer Hinweis darauf, dass Prosa nicht funktioniert.

Doch die wichtigste Funktion der *Edda* ist: Sie ist eine Art Mutterschiff der Sagas. Jede größere Familie hatte ihre eigenen Erzählungen, ihre kleinen, grausamen Spukgeschichten. Die Existenz der *Edda* führte dazu, dass die Isländer dachten:

So was will ich auch. Eine Chronik meiner Geschichte. Die *Edda* kultivierte das kleine, eisige Land, dort oben, am Ende der Welt, ließ es teilnehmen am Geschehen der Weltliteratur und selbst zu einem Produzenten von Literatur werden. Bis heute.

Einer von zehn Isländern veröffentlicht ein Buch. Es gibt in keinem Land der Welt so viele Schriftsteller, so viele Leser und Veröffentlichungen pro Kopf. »Að ganga með bók í maganum«, heißt es in Island: Jeder hat ein Buch im Bauch liegen. Das kann an der Dunkelheit und Langeweile des Landes liegen – oder an der *Edda*.

Das Schreiben ist hier keine brotlose Kunst. Menschen, die schreiben, werden in Island respektiert. Sie verfassen schweinische Bücher, neue Sagas und natürlich Krimis, Islands größter literarischer Exporterfolg.

Das Vorzeigekind der isländischen Literatur ist Halldór Laxness. 1955 erhielt er den Nobelpreis für Literatur und machte damit Island statistisch zum Star: Kein Land hat mehr Nobelpreise pro Einwohner. Also einen. Laxness war ein isländischer Sturkopf, wie er im Buche steht, und so sind auch seine Charaktere: eigenbrötlerisch, erfinderisch, witzig. Wer die isländische Mentalität verstehen will, liest Sein eigener Herr *von Laxness.*

ICH MAG DIE ISLANDPFERDE, SIE SIND KOMPAKT

Ich halte für Pferde. In Island mache ich das wirklich. Dabei sind Pferde für mich kein seltener Anblick. Wenn ich im Sommer mit heruntergelassenem Fenster durch Brandenburg fahre, sehe ich zahllose Pferde. Diese seltsamen Tiere, vor denen ich Angst habe, viele Freundinnen von mir aber nicht. Sie mögen Pferde, ich kann mir das nicht erklären.

Ein echtes Geschlechterklischee, das auch in Island Bestand hat. Die meisten deutschen Frauen, die ich kenne und die nach Island fahren, machen das wegen der Pferde. Danach kommt als Grund die schöne Natur und am Ende die »tolle« Musik. Sie wollen Reiturlaub »durch« das Hinterland machen, auf dem Rücken dieser buckeligen Winzlinge. Islandpferde sind viel kleiner als die muskulösen Monstrositäten aus Brandenburg. Warum das so ist, erkläre ich gleich.

Auch Thekla, die Frau, die hier in diesem Buch die Kästen schreibt und geheime Informationen aus Island preisgibt, liebt diese Pferde. Auf ihrer Facebookseite gibt es zahlreiche Fotos, auf denen sie breit lächelnd reitet, im Hintergrund das Meer, im Vordergrund die Wiese und das Pferd. Damit ich dieses Kapitel schreiben konnte, hat sie mir eine Sprachnachricht per WhatsApp mit den wichtigsten Informationen geschickt.

Ich mag die Islandpferde, sie sind kompakt. Deswegen halte ich auf meinen Autotouren oft an, rupfe Büschel vom grauen Gras aus und locke die Tiere an den elektrischen Zaun. Vielleicht liegt es auch daran, dass ich hier ansonsten nicht viel Leben in der Natur sehe, dass die einzigen Freunde, die sich bewegen, kleine Vögel sind. Und ebendiese Pferde, die immer etwas tumb, wie ein umgewehter Findling, in der Landschaft stehen. Es ist egal, wie sehr es regnet, ob es schneit oder stürmt. Islandpferde stehen auf ihren hubbeligen Wiesen und malmen. Es sind keine majestätischen Tiere, nein, aber das brauchen sie dort oben, in Island, auch nicht zu sein. Wären sie größer, würde der Wind sie ständig umpusten, und sie hätten mehr Haut, die frieren könnte.

Isländische Pferde sind wie bucklige Trolle, klein und gedrungen, wenig windschnittig, bloß keine Angriffsfläche bietend für das Klima. Die Deutschen haben ein besonderes Verhältnis zu diesen Tieren. Deutsche Frauen wandern gerne nach Island (oder in den Senegal) aus, um Pferdebauern zu heiraten. Die meisten deutschen Frauen, die in Island leben, betreiben eine Pferdezucht, ehrlich. Ich weiß nicht so recht, warum.

Vielleicht, weil das Islandpferd ein beliebtes Zuchtpferd ist. 2010 gab es 78 000 dieser Pferde in Island und 65 000 in Deutschland, damit sind wir das Land mit den meisten Islandpferden außerhalb Islands. Aber die Zucht dieser Tiere fernab ihrer Heimat ist recht traurig, finde ich. Den Tieren wurde nachgewiesen, dass sie eine sehr hohe emotionale Intelligenz haben, höher als alle anderen Pferderassen. Stellt man jetzt ein Islandpferd neben ein, nun ja, ich kenne mich mit den Rassen nicht aus, sagen wir Brauereipferd, dann können sie sich nicht unterhalten. Das ist wohl sehr traurig für Islandpferde. Ob die Brauereipferde das interessiert, weiß ich nicht. Aber ich glaube, die sind ziemlich doof.

Die Islandpferde können in Deutschland eine Allergie bekommen, eine Art Ekzem, im Sommer. Sie stehen dann alleine auf den Wiesen in Brandenburg und müssen sich ständig kratzen. (Ich traue mich kaum, es zuzugeben, aber ich finde das niedlich, auch wenn es Pferdemädchen vermutlich das Herz bricht.)

Was klargeworden sein sollte: Islandpferde gehören auf

ihre Insel und sollten nicht verschleppt werden. Zurück dürfen sie nämlich nicht mehr. Und andere Pferde dürfen auch nicht einreisen. Auf Island gibt es nur Islandpferde. Ein weiteres Beispiel dafür, wie fürchterlich engstirnig und manchmal ignorant Isländer sein können, wenn auch mit Erfolg: Die Pferde, die es in Island gibt, waren spätestens seit 1909 reinrassig. Daran soll sich in Zukunft auch nichts ändern.

Isländer sind stolz auf ihre Pferde. Viele besitzen einfach so ein paar, nicht eins, sondern gleich vier oder fünf. Manchmal auch zwölf. Platz gibt es ja genug. Während in Deutschland der Besitz eines Pferdes mit vielen Verpflichtungen einhergeht, ist das in Island anders. Diese Pferde stehen auf ihren Wiesen, und das war's. Sie stehen einfach nur da.

Die Isländer sind etwas ruppiger im Umgang mit ihren Tieren, als wir es gewohnt sind, es findet keine Vermenschlichung statt, und am Kiosk habe ich auch nie eine isländische *Wendy* gesehen. Wenn eins der Pferde umkippt und stirbt, dann passiert das eben. Alle paar Tage fahren die Isländer zu ihren Pferden, werfen ihnen Heu hin, streicheln vielleicht mal die Mähne und fahren dann wieder weg. Um ehrlich zu sein, weiß ich bis heute nicht, ob Isländer ihre Pferde zum Reiten oder zum Essen besitzen. Denn wenn sie klapprig geworden sind, dann wird nicht etwa ein Islandpferdegrab im Hinterhof ausgehoben, sondern es wird Carpaccio aus ihnen hergestellt. Ich finde das naheliegend, aber vielleicht bin ich auch einfach zu oft in Island gewesen.

Es gibt zwei Dinge, die ich an den Pferden dieser Insel faszinierend finde.

Sie haben eine Gangart, die es im Rest der Welt nicht (mehr) gibt. Tölt. Tölt ist eine Gangart, bei der das Pferd einen bequemen Viertakt läuft. Es klingt wie ein schnelles Metronom. Das konnten europäische Pferde früher auch, nur wurde es weggemendelt. Der Grund, warum die isländischen

Pferde diese Gangart noch beherrschen, ist naheliegend. Es gibt hier noch nicht so lange asphaltierte Straßen. Tölt ist die perfekte Art für Pferd und Reiter, auf unebenen Böden sehr bequem zu reiten. Das Pferd tänzelt über das Lavageröll, ohne dass es dabei den Reiter aus dem Sattel wirft.

Außerdem erinnern mich Islandpferde an ihre Besitzer: Etwas grob im Erscheinungsbild, sie lassen sich kaum berühren, fressen einem nur zögerlich aus der Hand. Selbst wenn ich ein bestimmtes Pferd täglich besucht habe, es mit Blümchen fütterte, mal einen Salatkopf mitbrachte, ich hatte nie das Gefühl, dieses Pferd mag mich. Ich hatte immer das Gefühl, ich bin dem Pferd scheißegal.

Ich finde das sympathisch.

Reiterhöfe, die Touristentouren anbieten, gibt es wie Sand am Meer. Suchen Sie sich einen Stall aus, der etwas abseits der Hauptstraße liegt und kleiner ist. Sonst reiten Sie nur mit den ganzen anderen Touristen doof in einer Reihe hintereinander her. Mein Tipp: Der Hof Skálakot im Süden und der Hof Helluland im Norden. Beide Farmen bieten auch mehrtägige Trips mit frei laufender Herde an.

VOLL, VOLLER, VÖLLIG VOLL – TOURISTEN-OVERLOAD

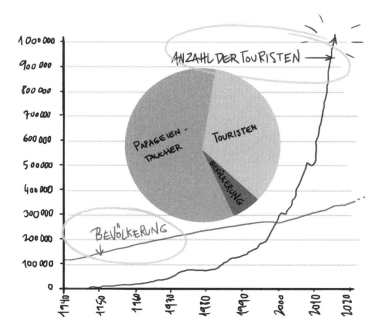

Jetzt wird es hart, dieses Kapitel widerstrebt eigentlich der Intention dieses Buches. Das soll Ihnen Lust machen auf ein Land, in das Sie gerne reisen oder reisen wollen, doch dieses Kapitel hat nur eine Botschaft: Wenn Ihnen Island etwas bedeutet, dann fahren Sie nicht. Fahren Sie nicht in dieses Land, Sie zerstören es.

Mittlerweile reisen jedes Jahr fast zwei Millionen Touristen nach Island. Nur noch mal zum Vergleich: Rund 340 000 Menschen leben in diesem Land.

Zwei Millionen Menschen also, die am Geysir stehen, die Kameras gezückt haben, die in den Nationalpark nach Þingvellir reisen, die an den schwarzen Stränden im Süden darauf warten, von den Wellen gegriffen zu werden. (Das passiert alle paar Monate, zuletzt traf es eine Deutsche. Die Wellen haben sie einfach mitgenommen.) Es ist voll.

Da die Stadtplaner von Reykjavík etwas ahnungslos sind und in dieser Stadt generell nur mit Zehn-Jahres-Perspektive gebaut wird, entstehen gerade überall Pappmaché-Hotels, in denen es fürchterlich zieht und die Bettwäsche nie warm wird. Zweitausend Wohnungen in der Hauptstadt sind für Airbnb reserviert, die Mieten steigen, Reykjavíker können sie sich nicht mehr leisten. In den ewig hellen Sommermonaten müssen mittlerweile Gastarbeiter aus der ganzen Welt aushelfen, um die Touristenströme zu bewältigen. Das Land verändert sich, es verliert seine Einsamkeit, seine Unwegsamkeit. Denn Touristen wollen überall hin, sie wollen ihre Erlebnisse abhaken, auf ihren imaginären Listen. Und machen dabei Island kaputt.

Als 2008 die Wirtschaftskrise die Krone entwertete, lösten sich die Renten in Luft auf, die Isländer gerieten in Panik. Island war eines der ersten Länder, das die Folgen der Krise zu spüren bekam, aber dank der Touristen konnte es sich davon erholen. Die Krone war günstig, die Flüge wurden billig. Heute kann man für achtzig Euro von Berlin aus nach Reykjavík fliegen. Kein Vergleich zu früher, als man sich freute, einen Flug für fünfhundert Euro gefunden zu haben.

Die Touristen kamen, sie brachten Geld mit und retteten die Wirtschaft. Island floriert – sie kommen in Strömen. Und sie verändern sich. Während es früher die wohlhabenden North-Face-Jacken-Rentner aus England und Deutschland waren, kommen heute die Kiefer-malmenden-Drogen-Easyjetter. Sie wollen Party. Sie wollen Extravaganz.

Das kann Island nicht verarbeiten. Die Isländer halten es nicht aus. Sie fühlen sich entwurzelt in ihrem eigenen Land. Zu viele Fremde. Ihre Argumente sind ebenso fragwürdig wie die der Festlandeuropäer, wenn es um Flüchtlinge geht: Island überfremdet, wir wollen keine Touristen, sie machen alles kaputt. Selbst im Zentralorgan aller isländischen Hipster, dem Magazin *Reykjavík Grapevine*, gibt es wütende Artikel über die Besucher. Die immer dieselben, blöden Fragen über Elfen haben, die tanzen wollen, die wissen wollen, wo die geheimen Quellen sind.

Für mich fühlt es sich ein bisschen so an, als würde sich der beste und loyalste Freund, der, der immer hilft und bei jedem Umzug seinen Wagen zur Verfügung stellt, nun emanzipieren. Er hat keine Lust mehr, für alle da zu sein.

Doch bietet Island genau das an, was die Touristen wollen.

Island war ein Geheimtipp, aber langsam verwandelt es sich in einen Vergnügungspark: So fühlt sich der wilde Norden an, und dieses Erlebnis soll für jeden Touristen zugänglich sein. Auf Kosten der Wirklichkeit.

Vieles, was man heute in Island sieht und erlebt, ist nicht

mehr das echte, wahre Island. Ich persönlich finde das nicht schlimm, weil ich das alte Island, das teure, das unwegsame noch erlebt habe. Es ist wohl auch nicht schmerzhaft für die neuen Menschen, die kommen und sich in dieses Land verlieben, da sie keinen Vergleich haben. Sie werden es trotzdem mögen, das andere Island. Das perfekte, das höfliche, das organisierte.

Sie werden nicht mehr von Fremden eingeladen werden, in die warmen Stuben der Isländer, sie werden nicht mehr alleine am Ursprung der modernen Demokratie in Þingvellir stehen können. Gullfoss, ein Wasserfall, so majestätisch und groß, wirkt noch eindrucksvoller, wenn man einsam ist, alleine am Rand steht, die Fallsucht einsetzt und den Besucher schwindelig werden lässt. Diese Erlebnisse wird es nicht mehr geben, es werden immer mehr Touristen kommen. Man sollte es nicht verurteilen, es ist eben nur schwierig.

Island denkt angestrengt darüber nach, wie dieses Problem, das gleichzeitig ein wichtiger Wirtschaftszweig ist, gelöst werden kann. Besonders die Logistik stellt eine Herausforderung dar. Die Polizei, die Krankenhäuser, die Infrastruktur Islands wurden für 300 000 Menschen aufgebaut, nicht für über eine Million. Island muss daran arbeiten, Sicherheit für Touristen und Isländer zu gewährleisten. Touristen, die in Löcher fallen – das muss verhindert werden. Auch die verschiedenen Jahreszeiten stellen eine Gefahr dar. Schilder müssen aufgestellt werden, Warnungen geäußert. Der Winter macht Straßen unpassierbar, die Wetterwechsel im Sommer führen zu plötzlichen Notsituationen. Die meisten Todesursachen bei Besuchern Islands sind Herzinfarkte. Ihnen kann nicht mehr geholfen werden, die Krankenhäuser sind einfach zu weit weg. Sollte ihnen doch geholfen werden können, ist im Krankenhaus kein Platz mehr für Isländer.

Es muss jetzt gehandelt werden. Die meisten Straßen in Island sind einspurig, viele Brücken sind Einbahnstraßen. Die

Straßen brauchen mehr Platz, der Flugplatz muss größer werden, die Brücken auch. Dieses Land wird sein Gesicht verändern. Und wer es noch ursprünglich erleben will, noch gefährlich, noch schlecht gelaunt, der muss jetzt fahren. Sofort. Ein Dilemma.

Ich spüre jedes Mal, wenn ich dort bin, wie sich mein Lieblingsland verändert. Es wird erwachsener, wie bei einem Freund, den man nur ein oder zwei Mal im Jahr sieht, nehme ich die Veränderungen deutlich wahr. Die Abnutzungen und die Errungenschaften. Ich finde es schön, zu wissen, dass ich nicht mehr sterben muss, wenn ich in meinem Toyota Yaris eingeschneit werde, aber ich bedauere es auch, dass ich nicht mehr alleine sein kann.

Das war die Kernkompetenz des Landes: Im Oktober vermittelte es mir den Eindruck, eine Seuche hätte die Menschheit ausgerottet, und ich wäre der letzte Überlebende. Die Einsamkeit in einem öffentlichen Bad. Schwimmbecken für mich alleine. Hostels für mich alleine. Vielleicht ist das alles auch nur beschämender Egoismus, den ich abstellen muss. Warum sollte ich dieses Land für mich behalten können, wenn es doch so schön ist? Es ist ein Gewissenskonflikt, ein schwerer.

Wenn Sie richtige, echte Einsamkeit wollen, fahren Sie am besten auf die Färöer Inseln. Die sind »Island light«. Man stirbt dort nicht so schnell, denn das Wetter ist etwas harmloser. Die Inseln sind menschenleer, es gibt dort flauschige Pferde und Papageientaucher. Die Menschen sind noch schweigsamer als in Island. Und der Flug ist kürzer!

JÖKULL, ELDFJALL UND VIEL HEISSE LUFT

Auf meiner ersten Reise nach Island habe ich eine Wanderung auf einen Gletscher gemacht. Ich denke noch heute oft daran, an die kalte Nase, die falsche Kleidung, den Blick. Den Himmel, der dort so nah war, so kitschig das auch klingen mag. Über den Wolken scheint immer die Sonne. Immer. Und wenn die Depression in Island zu groß wird, dann genügt eine Reise in den ewigen Schnee.

Bis heute gehört dieses Erlebnis zu den aufregendsten Dingen, die ich je erlebt habe. Und ich habe mich schon im Dschungel tätowieren lassen, Pilze in Mexiko genommen und bin in Rio überfallen worden. Kosmonauten erleben eine Veränderung ihres Charakters, wenn sie auf der ISS aus dem Fenster sehen, habe ich gehört. So ähnlich ging es mir, als ich oben auf dem Mýrdalsjökull, dem viertgrößten Gletscher Islands, stand. In roter Funktionskleidung und Schneeschuhen. Kurz davor, mit einem Schneemobil zu fahren, über einen unter der Schneedecke liegenden Vulkan.

»Passt auf, wenn ihr von euren Schneemobilen absteigt«, sagte uns der Führer und erzählte uns Geschichten von sterbenden, in Spalten verschwindenden amerikanischen Touristen. Ich glaubte ihm. Und fuhr mit Eiszapfen an der Nase über diesen Vulkan. Ihr Name ist Katla (Vulkane sind immer weiblich in Island) und sie bricht immer noch aus, lässt den Gletscher schmelzen, macht aus Flüsschen reißende Bäche, die in den Atlantik münden. Gletscher und Vulkan zusammen sind tausenddreihundert Meter hoch, hundert Quadratkilometer in ihrer Fläche. Das ist ein bisschen weniger als die Fläche von Frankfurt/Oder. Der Vergleich mag seltsam sein, aber stellen Sie sich eine weiße Ebene vor, so groß wie eine Stadt mit 60 000 Einwohnern. Der sitzt fest, im Gehirn, dieser Blick.

Island ist ein Gletscherland, und das ist aufregend. Während in Festlandeuropa die weißen Spitzen schmelzen, sind hier rund elf Prozent des Landes unter dem ewigen Eis der Gletscher begraben – zumindest jetzt noch, denn ich glaube, dass Trumps Klimapolitik noch so einiges ändern wird. Der derzeitige Stand ist: Dreihundert Quadratkilometer isländischer Gletscher, das entspricht der Fläche von München, sind schon verschwunden.

Wer sich die volle Touri-Dosis geben will, muss zum Vatnajökull, dem größten Gletscher Europas. An seinem Fuß befindet sich die berühmte Gletscherseelagune, die Jökulsárlón. Riesige Eisblöcke, ausgespuckt von der Gletscherzunge, die am schwarzen Strand vorbeitreiben, im Sand liegen bleiben und langsam schmelzen. Es ist ein wirklich schöner Ort, atemberaubend, einer dieser Orte, an denen sich Touristen in Island verlieben. Jeder, wirklich jeder, der hier ein Foto schießt, macht ein perfektes Bild. An dieser Stelle ist es nicht möglich, ein hässliches Foto zu machen. Generell ist das so: Die Natur Islands lässt jeden zum Fotografen werden, das Licht, die Natur, die wenigen Menschen, die fehlenden Vordergründe erwecken den Eindruck: Nur Profis können so fotografieren. Aber das stimmt nicht, Island ist einfach sehr fotogen.

Ich empfehle jedem, der an der Jökulsárlón ist, über die Brücke zu gehen, zurück in Richtung Reykjavík, zehn Minuten lang zu laufen und dann an den See heranzutreten. Diese Stille, das Knacken des hellblauen Eises, das diese unwahrscheinliche Farbe hat, weil es so alt ist, weil die Kristalle verschiedene Formen haben und dadurch das Licht anders brechen. Diese absolute Ruhe, sie ist – ich hasse dieses Wort, um etwas zu beschreiben, was besonders ist, aber ich muss es hier tun – magisch.

Besonders, wenn man bedenkt, dass unter dem Eis der Vulkan schläft.

Jeder Jökull (Gletscher) verbirgt einen Eldfjall (Feuerberg oder Vulkan) unter sich. 2010 sorgte der Eyjafjallajökull für weltweites Aufsehen und für einen großen Touristenstrom. Der E-15 (E plus 15 Buchstaben), wie er faul von den Amerikanern genannt wird, weil der Name so kompliziert ist, explodierte und legte die Nordhalbkugel lahm.

Ich war zu diesem Zeitpunkt in Island, eher zufällig, mit den Eltern. Und bin durch Aschewolken gefahren, habe Asche gesammelt und mich über den abgeschrubbten Lack der Autos gefreut. Es herrschte eine gute Stimmung, niemand war bedroht, der Himmel dunkel und die Welt lahmgelegt, die Isländer nahmen es mit Humor. Und Geschäftssinn. Sie haben die Asche für viel Geld an dumme Touristen verkauft. Ich frage mich bis heute, was so schwer daran ist, vor den Souvenirshop zu treten und selbst die Asche einzusammeln.

Die Vulkanausbrüche Islands haben auch ein Reiseziel erschaffen, das ich bis heute nicht erreichen konnte: 1963 ist vor der Südküste Islands eine neue Insel entstanden. Leider ist der Zugang für Touristen untersagt, weil sich dort die Entstehung von Leben beobachten lässt. Touristen, die zarte Moose und Flechten anniesen, sind unerwünscht, sie hätten einen negativen Effekt auf die Entwicklung der zarten Keimlinge.

Island dampft, stinkt und explodiert an unzähligen Stellen. Es ist ein aktives Land, eines, das sich ständig verändert. Vielleicht ist es das, was die Menschen so an diesem Land fasziniert. Wir fahren nach New York, Berlin und London, weil sich die Städte ständig bewegen. Ich fahre nach Island, weil es sich in seiner Gleichförmigkeit immer wieder verändert. Es gibt kaum Orte in Island, deren Aussehen ich mir merken kann, sie sehen immer anders aus und doch gleich. Dieses Land bewegt sich. Und damit mich.

Sehenswürdigkeiten dampfen hier, die hohen Säulen, die geothermalen Kraftwerke, und vermitteln uns das Wissen, dass die Erde hier besonders dünnhäutig ist. Jedes Mal, wenn ich hier bin und durch die vulkanische Landschaft fahre, stelle ich mir das Ende der Welt vor – und wie ich in Island überleben werde. Weil ich hier warmes Wasser, Dampf, Strom, Hitze direkt aus der Erde bekomme. Ich sehe die Welt untergehen und ich überlebe als Eremit. Island lehrt mich, dass ich keine Menschen brauche, um zu überleben, sondern eine jähzornige Natur. Die mich beschützen und töten kann.

Das Leben auf dieser Insel lässt sich ablesen an ihren Vulkanen, an ihren Geysiren, den heißen Quellen und den blubbernden Schlammlöchern. Es ist wie Urlaub auf einem anderen Planeten, aber ohne diese Welt verlassen zu müssen.

Island hat mehr als New York, Berlin und London zusammen. Island ist Leben. Das mag esoterisch klingen, aber wer zum ersten Mal dieses Land sieht, riecht und hört, der weiß, hier entsteht etwas Großes in den nächsten vierzig Millionen Jahren.

VON BUTTERBLUMEN, BIRKEN UND WÖLFEN – DIE NAMENSFRAGE

Dieses Kapitel entstand, weil ich ein seltsames Phänomen auf Facebook beobachtet habe. Sobald eine Person in Island war und begeistert zurückkommt, ändert sie ihren Namen auf Facebook in eine isländische Variation. Vornehmlich bei Frauen ist mir das aufgefallen. Warum sie das machen, weiß ich nicht. Vermutlich um ihre Liebe zum Land auszudrücken. Thilo Mischkeson, so müsste ich mich auf Facebook nennen, um meine Liebe zu äußern. Aber so leicht ist das mit den isländischen Namen nicht.

Das Einfachste zuallererst: Männer enden auf die Silbe -son und Frauen auf -dóttir, das bedeutet Sohn und Tochter des jeweiligen Vaters. Die Kinder übernehmen den Vornamen des Vaters in den Nachnamen. Spielen wir das doch mal durch. Mein isländischer Name ist für den weiteren Verlauf dieses Abschnitts einfach mal: Thilo Axelsson.

Ich heiße so, weil mein Vater mit Vornamen Axel heißt. Hätte ich eine Schwester, würde sie, sagen wir mal, Katarina Axelsdóttir heißen. Und jetzt wird es ein bisschen komplizierter. Natürlich gibt es, wie in der ganzen Welt, mittlerweile isländische Stimmen, die sagen: Das ist aber ziemlich frauenfeindlich. Warum sollte nur der Name des Vaters genannt werden? Daher gibt es immer mehr Kinder, die auch den Namen der Mutter als Nachnamen tragen.

Diese Systematik der Namensgebung sorgt natürlich für Unordnung. Das isländische Telefonbuch (das es eigentlich nicht mehr gibt, weil ja alle das Internet benutzen) ist daher nach Vornamen und Berufen sortiert, um auch die richtige Person zu finden. An den Grenzen im Ausland, während der

Passkontrollen, kommt es regelmäßig zu Problemen bei isländischen Familien, weil das Kind, das einen eigenen Pass hat, nicht den Nachnamen der Eltern trägt. Kindesdiebstahl!

Hübsch auch: Björk heißt wirklich Björk. Es ist kein Künstlername. Also ist es schon, weil die gesamte Person ja eine Kunstfigur ist, aber ihr echter Name ist eben Björk, ihr Vatersname Guðmundsdóttir, denn ihr Vater heißt Guðmundur. Björk bedeutet Birke. Generell stinken wir mit unseren deutschen Vornamen ziemlich gegen die Isländer ab. Dort heißen die Kinder oft nach Gletschern, Pflanzen oder Tieren. Ein beliebter isländischer Frauenname ist übrigens Hrefna. Das steht für Schweinswal. Meine weiteren Favoriten sind: Hrafn (Rabe), Úlfur (Wolf), Álfur (Elf), Jökull (Gletscher), Sóley (Butterblume).

Das letzte Wort bei exotischen Namen hat das staatliche Namensgebungskomitee. Dort sind alle isländischen Namen registriert. Wer eine neue Idee hat, muss sie erst von dem Komitee prüfen lassen. Da aber selbst Zelda, in Anlehnung an das Videospiel »Zelda«, durchgegangen ist, glänzt das Gremium nicht durch Strenge.

Wer frischgebackene Eltern im Krankenhaus besucht, fragt übrigens umsonst nach dem Namen des Kindes. Der wird erst bei der Taufe bekanntgegeben. Bis dahin heißen die Babys schlicht »Junge« (Drengur) oder »Mädchen« (Stúlka). So wird es auch in die Geburtsanzeige eingetragen (Beispiel: Stúlka Finnsdóttir). Die Eltern nehmen sich Zeit, um das neue Familienmitglied kennenzulernen. Dann erst wird ein Name ausgesucht.

ISLAND, DEINE CLUBS – WENN SCHON VEREIN, DANN RICHTIG

Kennen Sie den Witz »Wenn drei Deutsche sich treffen, gründen sie einen Verein«? Der kommt vermutlich ursprünglich aus Island. Denn wenn der Isländer sich für ein Hobby begeistert, dann gibt es direkt das volle Programm. Was man hier als Verein zählt, ist sehr weit gefasst. Der Reitverein, der Scrabbleverein, die Bergrettung, die Freimaurer, die Anonymen Alkoholiker. Ich vermute, es ist der zwanghafte Wunsch, sich mit seinem Hobby nicht alleine zu fühlen. So seltsam es auch sein mag. Wenn man sein ganzes Leben im Kreise derselben Menschen verbringt, ein Kind mit dem Freund aus der 10. Klasse und eines mit dessen Cousin hat, und vermutlich ein weiteres mit dem eigenen Cousin, will man sich auch mal besonders fühlen. Dieses Gefühl vermitteln Vereine: Du bist besonders. Du kannst etwas Besonderes.

Oft erinnern mich die Isländer an einen meiner besten Freunde, Jirka, er hat alle paar Wochen ein neues, aufwendiges Hobby. Joggen, Rennrad, HD-Filme. Dann wird eingekauft, richtig teuer und richtig viel. Die Ausstattung, um am Marathon teilzunehmen, die Tour de France zu fahren oder um dem Kino Zoo-Palast in Berlin Konkurrenz zu machen. Doch meist bleibt es nur beim Einkauf, die Ausführung bleibt auf der Strecke. Ich finde das süß bei Jirka, bei den Isländern aber ist das eine Lebenseinstellung.

Wenn der Isländer einen Sport anfängt, wird erst einmal eine komplette Ausrüstung gekauft. Allerdings hört es dabei nicht auf, die Ziele werden hoch gesteckt. Es wird auf einen Wettkampf hin trainiert, mindestens muss es der Halbmarathon oder das Radrennen um die ganze Insel sein. Mit diesem

Erfolg fühlt sich der Isländer ganz individuell, obwohl es ja alle tun. Ist dieser Meilenstein erreicht, verschwindet das Hobby im Keller. Mitglied im Verein, von dem das alles organisiert wurde, bleibt man trotzdem. Man hängt auf Facebook in einer Gruppe ab und kommuniziert über die tollen, alten Zeiten. Allen, die fragen oder nicht fragen, wird erzählt, man sei weiterhin MEGA aktiv in diesem Verein. Und wenn man einen Vereinsfreund auf der Hauptstraße trifft, wird der auch gerne mal ignoriert.

Als Fan schwört der Isländer seinem Verein ewige Treue. Meistens suchen sich die Jungs in der Frühpubertät einen lokalen und einen englischen Verein aus. Dann folgen sie beiden mit großem Elan. Das Lebensziel ist, einmal den englischen Verein bei einem Heimspiel zu sehen. Das ist ein ambitionierter Traum, wenn man auf einem windigen Felsen im Atlantik lebt.

Ich war mal bei einem Fanclub-Treffen dabei. Es spielten Liverpool gegen Tottenham, und weil nur eine Kneipe in ganz Reykjavík das Spiel übertrug, saßen in einem Raum die Tottenham-Fans und im anderen die Liverpool-Fans. Machte aber nix. Die Liverpool-Fans kannten sich nur aus einer Facebook-Gruppe und waren zu schüchtern, um im echten Leben miteinander zu reden. Also wurde auf die Leinwand gestarrt, geschwiegen und Bier getrunken.

Einen großen Vorteil hat die Besessenheit von Clubs und Vereinen – laut einer Langzeitstudie geht durch diese Art der Integration der Alkohol- und Drogenmissbrauch bei Jugendlichen in den letzten zwanzig Jahren stark zurück. Ich wage das zu bezweifeln, wenn ich mir die Laugavegur in Reykjavík am Samstagabend angucke. Der Konsum von Rauschmitteln wird von jungen Isländern mindestens genauso gewissenhaft betrieben wie die Mitgliedschaft im Fußballverein.

ZWEI JAHRE ISLAND – ODER WIE ICH VERSUCHT HABE, MICH IN DIE ISLÄNDISCHE GESELLSCHAFT EINZUSCHLAFEN

Zum ersten Mal kam ich 2012 für einen Erasmus-Austausch nach Island. Vom Land hatte ich keine Ahnung, aber ich mochte die kleinen Pferde, und Hitze ist nicht mein Ding. Bei der Bewerbung um den Studienplatz freute sich die Beraterin meiner Uni: »Oh cool, da wollte noch nie jemand hin.« Also wurde es Reykjavík.*

Natürlich habe ich mich sofort in das Land verliebt. Ohne genau zu wissen, weshalb, wollte ich immer nach Island. Bis heute kann ich den Grund dafür nicht benennen. Die Natur überraschte mich vollkommen. Ich dachte mir ja, dass sie schön sein würde, aber eine dermaßen mächtige Naturkraft hätte ich mir nicht einmal erträumen können. Beim ersten Blick auf ein moosbewachsenes Lavafeld hat es mir die Sprache verschlagen.

Als ich vier Monate später wieder in Deutschland ankam, war ich beseelt von der Landschaft und den ruhigen, entspannten Menschen. Ich brachte innere Ruhe mit zurück. Die hatte ich mir durch lange Strickabende in der Dunkelheit erarbeitet. Mein Umfeld war dafür umso genervter von meinem Sinneswandel. Der Freund sagte: »Du bist inzwischen einfach nur still und absolut humorfrei.« Da war ich beleidigt, aber im Nachhinein stimmte es wahrscheinlich. Ich hatte mich dem seltsamen Nordvolk angepasst.

---

* Dieses Kapitel ist ein Gastbeitrag der Frau, die in diesem Buch die Kästen schreibt, nur damit niemand durcheinanderkommt. Thekla Bartels lebte und arbeitete von 2014 bis 2016 in Reykjavík und ist nun zurück in Berlin. Wir lernten uns – natürlich – bei einem Saufgelage während des Iceland Airwaves kennen.

Fast zwei Jahre lang redete ich nur noch von Island. Im Sommer arbeitete ich dort auf einer Farm. Ich durfte noch einmal Teenager sein, inmitten von anderen Mädchen, Pferden und Hunden. Den Rest des Jahres träumte ich. Ich träumte von der Sorglosigkeit, die ich mit Island verband und die man eigentlich mit fünfundzwanzig hinter sich gelassen hat.

Als ich mein Studium abgeschlossen hatte, geriet ich noch tiefer in die Island-Vermissungssinnkrise. Nachts hatte ich Schweißausbrüche bei dem Gedanken, den Sommer nicht in Island verbringen zu können. Es hielten mich auf: die Vernunft, die Beziehung. Als die dann zerbrach, sprang die Vernunft auch vom Balkon. Endlich stand mir die Tür offen, langfristig nach Reykjavík zu ziehen. Durch Zufall kam auch noch ein attraktives Jobangebot hinzu. Also flog ich nach wenigen Bedenktagen in mein neues Leben, das mit zwei vollgepackten Koffern und ziemlichem Liebeskummer startete.

Was dann folgte, kann ich nur so erklären: Ich suchte mir eine klassische Ablenkungsliebe. In dem Fall war es der Schwarm, den ich schon immer angehimmelt hatte, und der war ein ganzes Land – Island. Ist man dann objektophil? Oder landophil?

Auf jeden Fall war ich übereuphorisch. Es war Juli, die Sonne ging nicht unter. Jeden Morgen dachte ich, dass es ein Traum wäre, so perfekt schien mir alles. Die Arbeit machte mir großen Spaß, alle waren jung und motiviert und unglaublich schlau. Immer wieder musste ich mir selber sagen: »Du bist in Island.« Der Liebeskummer über den in Deutschland sitzenden Ex war wie weggeblasen. Es gab ja so viel zu tun: Ich arbeitete viel, so wie alle. Wenn die Sonne schien, lag ich im Hot Pot und wurde braun wie ein Brathähnchen. Wenn es regnete, trank ich Bier. Dazu natürlich die Reiterei. Jede deutsche Frau auf Island hat den Pferdetick, und ich stellte da keine Ausnahme dar.

Dann kam der Herbst. Und mit der Ablenkungsliebe wurde es langsam schwieriger. Das Glück hält nicht lange, aber man will es noch nicht so richtig zugeben. Man redet sich buchstäblich aus der Affäre: »Es liegt nicht an dir, es liegt an mir.«

Ich hatte aber schon eine brillante Idee: Das Land an sich wurde ersetzt durch die zweitbeste Leidenschaft. Es mussten Männer her, richtige isländische, haarige Männer. Die haben mich die nächsten anderthalb Jahre auf Trab gehalten. Wer deutsche Männer anstrengend findet, darf es nie in Island probieren. Meine Dates waren alle schwierige Fälle: Alkoholiker praktizierend und trocken, frisch Geschiedene mit schlimmem Liebeskummer, Depressive, Männer mit Wutproblemen und traurige Freimaurer mit Zylinder. Und alle kannten einander.

In Island wird Unabhängigkeit großgeschrieben. Tatsächlich ist sie ein fließender Übergang hin zur Einsamkeit. Isländer können auf beeindruckend sture Weise einsam sein. Das würden sie nur nicht zugeben. Sie sitzen also zu Hause alleine rum, trinken aus einem Flachmann Schnaps und sagen »ICH BIN UNABHÄNGIG«.

Dieses Konzept vertrug sich leider nicht mit meiner heimlichen Strategie: schnell einen Mann finden und durch ihn besser in die Gesellschaft integriert werden. Nachdem der Island-Honeymoon abgeklungen war, fiel mir auf, dass ich doch ziemlich alleine im kleinen Reykjavík war. Die neuen Freunde waren gleichzeitig auch meine Kollegen, was eine ernsthafte Vereinsamung unmöglich machte. Aber durch die stur ausgeführte Unabhängigkeit ruft eben auch niemand an, selbst wenn die andere Person genauso trist alleine zu Haus rumsitzt.

Isländer sind außerdem unsagbar schüchtern. Daten geht also nur sturzbesoffen, im Bekanntenkreis (wobei man da schnell durch ist) oder mit Tinder. Die App steht ja eigentlich als Inbegriff der Oberflächlichkeit. Doch in Island geht die Rechnung auf. Man matcht virtuell mit einem Menschen, den man ohnehin schon kennt, denn die Stadt ist zwergenklein. Beim nächsten realen Saufgelage traut man sich dann, miteinander zu sprechen. Also funktioniert es, das digitale Kuppeln, eben nur auf eine andere Art. Mir fallen mindestens zwei Babys ein, die durch Tinder entstanden sind.

Bei meiner Partnerjagd habe ich alle oben benannten Methoden durchprobiert. Ich hatte den Frischfleisch-Faktor. Mehrmals wurde mir gesagt, wie schön es doch sei, dass wir auf keinen Fall verwandt sein können. Und dass wir nicht denselben Kindergarten besucht haben.

Es gibt viele Deutsche auf Island. Fast alle sind Frauen, viele haben eine ähnliche Geschichte wie ich vorzuweisen. Sie hatten eine Krise, sie brauchten mal Ruhe vor der schnellen Welt. Worin wir uns unterscheiden, ist die Hartnäckigkeit. Die Durchschnitts-Islanddeutsche spricht nach sechs Monaten passables Isländisch. Ich kann bis heute nur mit Mühe mein Essen bestellen. Sie sucht sich einen trinkenden, schweigsamen isländischen Mann und krempelt dessen Leben um. Den Männern ist das recht. Die Frauen sehen das als eine Form der Emanzipation. Da hatte ich keine Lust drauf. Meistens sind die Frauen auch innerhalb weniger Monate schwanger, denn Isländer kennen das Prinzip Verhütung nicht. Die anderen sind oft bereit, in schlechten Jobs für einen Hungerlohn zu arbeiten. Ich war primär für den Job nach Island gekommen – das erzählte ich mir selbst zumindest gern, natürlich stimmte es nur halb. Und ja, Sie merken es sicher, ich war neidisch auf die Hartnäckigkeit dieser deutschen Frauen, die es geschafft hatten, sich eine neue Heimat zu schaffen.

Was wir gemeinsam hatten: Deutsche meiden einander im Ausland wie die Pest. Das habe auch ich konsequent durchgezogen. Die anderen Frauen halfen mir also auch nicht bei der Vereinsamungsbekämpfung.

Als ich merkte, dass das mit den Männern als Integrationshilfe nichts wurde, fing ich an, die Isländer zu studieren. Jane Goodall hätte einpacken können. Ich habe mir Gewohnheiten abgeguckt, Verknüpfungen zwischen Unbekannten auswendig gelernt, die isländische *Gala* nach mir bekannten Gesichtern durchforstet. Das schlechte Essen schmeckte mir irgendwann, und ich bin im Schneesturm Eis essen gefahren. Apropos gefahren: Ohne Auto habe ich mich keine zehn Meter mehr bewegt.

Überall ging ich als Isländerin durch. Selbst Deutsche haben mir Komplimente gemacht für mein gutes Deutsch. Ich war völlig überassimiliert und völlig gehemmt, Fehler zu machen. Denn die Sprache konnte ich ja immer noch nicht, und mein Verhalten basierte auf Feldstudien. Doch es half alles nichts – ich fand einfach kein Zuhause in Reykjavík. Die Isländer sind so lange unter sich gewesen, dass alles Neue sie überfordert.

Dann fing ich an, die Pferde zum Lebensinhalt zu erklären. Jeden Abend fuhr ich in den Stall und wollte bloß keine Menschenseele treffen. Das war schwierig, es gab viele deutsche Frauen, denen ich aus dem Weg gehen musste. Sie nervten mich mit ihrer sturen Beseeltheit und ihrem perfekten Isländisch und ihren schweigsamen Grummelmännern zu Hause.

Island hat mir aber auch gutgetan. Das Land hat mir innere Ruhe geschenkt. Trotzdem bin ich froh, wieder in Deutschland zu sein, wo die Leute ihre Wut auf der Zunge und nicht tief in der Seele vergraben tragen.

Manchmal vermisse ich Island. Dort wird nicht lange nachgedacht, vieles wird einfach ausprobiert. Auch wenn es dann schiefläuft, ist es kein Drama. Ich vermisse die Schwimmbäder und die Landschaft. Ich vermisse das frische Quellwasser, das direkt aus dem Wasserhahn kommt, und dass es in Island keine nervige Bürokratie gibt. Ich habe gelernt, dass Island mir zwar

Ruhe gibt, aber auch das Leben erschwert. Meine dortigen Freunde fehlen mir und auch das Reiten. Außerdem die Freiheit, alles allein zu entscheiden. Und immer ein bisschen zu spät sein zu dürfen. Und nichts lange im Voraus zu planen. Aber zurück nach Island möchte ich nicht mehr ziehen.

Wer die pure Einsamkeit liebt, wird in Island glücklich. Ich gehörte nicht dazu. Und die große Liebe, die ich bei den haarigen Isländern immer suchte, habe ich nun in Deutschland gefunden. Mit einem Glatzkopf.

BALZEN IN ISLAND – DAS PULLOVER-MÄDCHEN UND ICH

Viertel vor drei heißt das Stichwort. In Island passiert in Sachen Balzverhalten nichts, bevor es nicht Viertel vor drei nachts ist. Ich habe das oft miterlebt: die Unruhe in den Augen der Menschen, die nachts, zumindest im Winter, in Zelten vor dem Club rauchen oder verspannt an der Bar lehnen. Die Arme eng um den Oberkörper geschlungen, zitternd, wie kleine Hunde, darauf wartend, dass etwas passiert. Dass es passiert. Die Männer, sie warten auf die Frauen, darauf, dass sie angesprochen werden. Es ist Viertel vor drei.

Ich habe auch versucht, eine Isländerin zum Koitus zu überreden. Und bin damit gescheitert. Ich habe alles probiert, was ich aufbringen konnte, was ich in Berlin gelernt hatte. Grobes Anflirten, mit dummen Sprüchen. Hat nie funktioniert, weil mein Englisch zwar zur Konversation ausreicht – aber für überzeugenden Humor bräuchte ich bessere Vokabeln. Meist lache ich nur über mich selbst, wenn ich versuche, auf Englisch witzig zu sein – ist ja auf Deutsch schon schwierig.

Ich habe mich auch betrunken, um Mut zu schöpfen. Doch ich hatte anschließend nur einen Kater. Ich habe wahnsinnig viel geraucht in den Zelten vor den Clubs, doch gekommen ist nur der Kopfschmerz, kein Kuss. Nichts hat funktioniert.

Als ich noch Single war, habe ich das immer und immer wieder probiert und immer mit dem gleichen Ergebnis. Irgendwann habe ich aufgegeben, so wie ich aufgegeben habe, eine wirklich verborgene heiße Quelle zu finden. Wer in Island zwischenmenschlich werden möchte, muss Ausdauer beweisen. Und trinken können.

Der Abend beginnt früh, und er beginnt immer mit Schnaps. Vorglühen nennen wir das hier in Berlin, und es ist in Reykjavík fester Bestandteil eines Freitagabends. Der Grund dafür ist einfach: Alkohol ist zu teuer, um ihn in Bars zu trinken, also muss sich in Wohnungen betrunken werden. Dort findet ein erstes Anbandeln statt. Nur einmal habe ich es geschafft, auf einer privaten Party zu landen, und es fühlte sich fremd an.

In einem dieser Mehrfamilienhäuser, die schmale Aufgänge haben und kleine Wohnungen, saß ich in einem Wohnzimmer, meine Knie geschlossen, die Hände auf den Oberschenkeln, ängstlich in die Runde blickend. Ich nippte an meinem Wodka Red Bull und beobachtete die jungen Menschen aus Reykjavík. Schöne Menschen in dicken Pullovern. Sie waren alle um die dreißig Jahre alt. Eine Frau, ich weiß bis heute ihren Namen nicht, fand ich attraktiv. Sie war groß, hatte feines, schwarzes Haar und trug tatsächlich einen Schafwollpullover. Als Isländerin. Ich dachte immer, die würden nur Touristen tragen. Ich wusste, ich wollte diese Frau kennenlernen, aber ich wusste nicht, wie.

Das Feiern in Wohnungen hat in Island eine lange Tradition. Wenn ich im Winter in Island bin, habe ich häufig das Gefühl, das heimische Trinken beginnt im November und endet im April. Die Dunkelheit ist offensichtlich nur im Rausch zu ertragen. Und in größeren Gruppen. Es ist allerdings kein heiteres Betrinken, mit Spielen und lauter Musik, sondern es sind Menschen, die in einem Raum sitzen und hastig Schnäpse und Biere stürzen.

Ich habe das auch getan, an diesem Abend in Reykjavík, und das war ein Fehler. Das erste Mal kotzte ich auf die beheizten Bürgersteige, nachdem wir die Wohnung verlassen hatten. Solange konnte ich es aushalten. Mir ging es wirklich nicht gut, die Frau im Wollpullover lachte.

Wer flirten will in Island, der muss geduldig sein. Und

Kraft haben. Zwischen den Lokalitäten, zwischen Wohnung und Club, werden Hotdogs gegessen und der Schnaps aus kleinen Flachmännern weitergetrunken. Ich, völlig fertig, unzurechnungsfähig in diesem Moment, versuchte mich an einem Gespräch. Bekam aber nichts hin, außer lautem Atmen aus beiden Nasenlöchern.

Irgendwann gab ich auf und öffnete die Flirt-App Tinder auf meinem Telefon. Während die anderen vor mir herliefen, wischte ich mich, gefühlt, durch die gesamte weibliche isländische Bevölkerung unter fünfunddreißig. Nur wenige Matches.

»Hwsxlxloo«, tippte ich betrunken auf meinem Telefon an eine kleine Frau, die Handball mochte. Zumindest stand es in ihrem Profil.

»?«

»I+"dsm drunk«, schrieb ich.

»I live in Akureyri«, antwortete sie. Ich war in Reykjavík, sie in Akureyri. Ich im Westen, sie im Norden. Ich gab's auf und versuchte mich wieder auf das Pullover-Mädchen zu konzentrieren.

Im Club wurde es noch härter. Ich war wieder etwas nüchterner nach dem Hotdog, der sich in meinem Magen wie ein alter Spülschwamm, lange trocken und unbenutzt, vollsog mit Alkohol. Kaffibarinn, ein beliebter Club, am Tage Hipster-Coffee-Shop, nachts Disko. Im wörtlichen Sinne. Die Musik schillerte in meinen Ohren. Ich war der Einzige, der seine Jacke nicht ausgezogen hatte, und sah aus wie ein Bergsteiger, mit Daunenfedern und Mütze. Und schwitzte nun noch zusätzlich. Die anderen erinnerten mich an Berlin. Schöne Menschen, dünn, mit weißer Haut, die aus schwarzen Rollkragenpullovern guckten. Die schöne Frau hatte ich schon längst aus den Augen verloren, obwohl der Club winzig klein ist. Hier wurde gedrängelt, es gehört dazu, zum Nachtleben. Drängeln. An der Bar. Auf der Tanzfläche, durchkämpfen. Zur Frau. Zum Bier. Zum Mann.

Viele Isländer schlafen unverantwortlich miteinander. Unverantwortlich bedeutet: unter Alkoholeinfluss, ohne Verhütung. Das hat zur Folge, dass es viele junge Isländer mit Kindern gibt. Wilde Ehen, wilde Partnerschaften. Aber es funktioniert in diesem Land, es bedeutet kein Außenseitertum, sondern ist gesellschaftlich akzeptiert.

Die Männer in Island sind still und verstört. Meistens haben sie ein Kind mit einer fremden Frau. Sie öffnen sich nicht und bleiben schüchtern. Deswegen suchen sich am Ende einer Nacht die Frauen ihren Partner aus.

Vielleicht müsste ich hart und maskulin durch einen Club schubsen, vielleicht müsste ich mehr trinken können, um aufzufallen, oder auf meine Allwetterjacke in Clubs verzichten. Ich habe bis heute nicht herausbekommen, wie genau das funktioniert, das Balzverhalten der Isländer. Und der gedankenlose Sex.

Ich wollte kein Kind mit einer Isländerin, ich wollte einfach nur küssen, am Hafen, im Wind, mit zerzaustem Haar und wirren Gedanken. Aber ich wollte es zu sehr, und daran bin ich gescheitert. Außerdem war ich zu ungeduldig, ich bin zu früh gegangen und habe nicht gewartet bis um Viertel vor drei, wenn die Männer betrunken an der Bar lungern und sich die Frauen ihren Partner für die Nacht aussuchen. Nicht immer, natürlich nicht, ich übertreibe vielleicht auch ein bisschen. Aber sie tun es offensichtlich so häufig, dass die Uhrzeit zu einer festen Redewendung in Island geworden ist. Für mich blieb es eine Redewendung, es wurde zu keiner Tatsache. Hatte keinen Sex mit einer Isländerin, dafür aber einen köstlichen Hotdog am Hafen.

Wer es bis zum Küssen geschafft hat, hat auch gute Chancen auf Sex. Das sehen die Isländer dann nicht so eng. Klassische Abschleppschuppen sind Húrra, Paloma, Kaffibarinn, Bravo Bar, Bar Ananas. Wer es schicker mag, geht ins B5. Da tragen die Frauen enge Lederleggings und die Männer Hemden, und alle sind dreimal betrunkener als irgendwo anders. (Diese Liste ist nur so lange aktuell, bis die Läden von Hotels ersetzt werden.)

SPORT – WARUM DER KALTE KRIEG IN ISLAND ENTSCHIEDEN WURDE

Ich muss ehrlich sein und hatte es ja eingangs schon erwähnt: Ich interessiere mich nicht die Bohne für Fußball. Nur ein einziges Mal, während der Europameisterschaft 2016, konnte diese Sportart mein Herz erwärmen. Und eigentlich habe ich mich auch da nur für Island interessiert – und nicht für den Ballsport. Es war der Wettbewerb für dieses kleine Land, den ich interessant fand. Die Regeln, das Gegröle, das Bier und die Gesänge, das alles war mir egal.

Island ist nicht Brasilien, niemand jongliert auf der Straße mit einem Ball, und bis zur EM dachte ich auch nicht, dass es in Island ein einziges Stadion gibt (oder zumindest gerade Flächen, um darauf Ball spielen zu können). Island war für mich alles, aber keine Fußballnation. Handball und Basketball spielen in Island eine viel größere Rolle. Hallensportarten eben, ist ja auch sinnvoll, wenn man sich überlegt, dass die armen Vereinssportler ansonsten bei Windstärke zwölf und minus zwei Grad draußen auf dem Platz trainieren müssten.

Mein Eindruck hat mich nicht getäuscht: Fußball ist erst seit 2000 eine Ganzjahresangelegenheit. Erst da veranlasste die isländische Regierung den Bau von Hallen, in denen auch Fußball gespielt werden konnte. Vorher war es eine saisonale Sportart.

Dabei hatte übrigens auch die FIFA ihre Finger im Spiel. Ob das nun schlecht oder gut ist, müssen die Fans entscheiden – immerhin ist die FIFA mitverantwortlich für den Spaß, den wir 2016 mit Island hatten.

Was wirklich überraschend ist: Isländer scheinen nicht nur Pferde, sondern auch Fußballer zu exportieren. Das EM-Team setzte sich aus dreiundzwanzig Spielern zusammen, von denen zweiundzwanzig in anderen europäischen Mannschaften spielen. Der teuerste Spieler davon ist Mittelfeldspieler Gylfi Sigurðsson, sein Wert wird mit dreizehn Millionen Euro angegeben, derzeit spielt er für den Premier-League-Club Swansea City.

Innerhalb Islands gibt es keine international nennenswerten Fußballclubs oder Ligen. Es ist einfach zu klein. Gerade mal fünfundzwanzig offizielle Fußballclubs gibt es hier. Das ist nicht viel. Die Isländer scheinen nicht besonders interessiert daran, selbst Fußball zu spielen, die wenigen Menschen in diesem Land haben wohl andere Sorgen. Die Schweiz zum Beispiel, ein unwesentlich kleineres Land, hat tausendfünfhundert Fußballclubs.

Seit 1912 gibt es in Island so etwas wie eine Bundesliga, die allerdings nur im Frühjahr und Sommer stattfindet (wieder das Wetter). Seit 2009 heißt sie aber nicht mehr Meistaraflokkur, was ja ein hübscher Name für die besten Fußballer eines Landes ist, sondern Pepsideldin, benannt nach dem Brausehersteller »Pepsi«, dem Sponsor der Auswahl der Fußballer für Champions League und EM. Der isländische Fußballverband heißt übrigens Knattspyrnusamband Íslands. Ich finde, dieses Wort klingt wie eine Verletzung am Sprunggelenk.

Wenn Sie wirklich verstehen wollen, wie Isländer Sport treiben, dann müssen Sie also in die Sporthallen gehen. Fußball ist und bleibt exotisch. In Stykkishólmur gibt es ein Freibad, an das eine Sporthalle angeschlossen ist. Nicht nur, dass der Film *Das erstaunliche Leben des Walter Mitty* hier gedreht wurde und der berühmte Schachspieler Bobby Fischer hier leben wollte, bevor er plötzlich und unerwartet 2008 verstarb, nein, in dieser Stadt zeigt sich auch die isländische Leidenschaft für Basketball.

Zahllose Trophäen gewonnener Basketballspiele im Eingangsbereich der Schwimmhalle zeugen von der Leistungsfähigkeit dieses Dorfs. Es lohnt sich, müde und nach Schwefel riechend in die Sporthalle zu gehen, Platz zu nehmen und den blassen Menschen dabei zuzusehen, was sie am besten können: in überdachten Hallen eine Sportart ausüben.

Und weil ich Bobby Fischer erwähnt habe, noch einige Details zu einer weiteren wichtigen Sportart in Island: Schach. 1972 fanden die Schachweltmeisterschaften in Reykjavík statt. Bobby Fischer gegen Boris Spasski. USA gegen Russland.

Dieses legendäre Schachspiel ging als Duell der Großmächte in die Geschichte ein, das wichtigste Match des 20. Jahrhunderts. Auf der einen Seite der nonchalante Kokser Fischer, der genial spielte und bis heute als einer der besten Schachspieler der Welt gilt. Ein Einzelgänger-Genie, das damals 250 000 Dollar als Gewinn für dieses Match festlegte (heute umgerechnet ca. 1,5 Millionen Dollar). Auf der anderen Seite Boris Spasski, der Perfektionist, die Maschine. Der Bilderbuchschachspieler und Analytiker.

Das Match in Reykjavík war so spannend, weil dort nicht nur zwei sensationelle Spieler an einem Tisch saßen, sondern die ganze Welt einem Kriegsspiel in Miniaturformat zusehen konnte. Mehr Kalter Krieg ging nicht.

Fischer verlor die ersten beiden Partien, erst weil er einen dummen Zug machte, und die zweite, weil er sich weigerte, zu spielen – die Bedingungen waren ihm nicht gut genug. Es war ihm zu laut, zu ablenkend, die Kameras übertrugen dieses Spiel in die ganze Welt. In den USA wurde es zur Primetime ausgestrahlt.

Spasski nahm an, dass Fischer wegen dieser Bedingungen aufgeben würde – und bot an, im Hinterzimmer, ohne Kameras weiterzuspielen. Er wollte spielen und gewinnen und nicht Schach-Großmeister werden, nur weil Fischer keine Lust mehr zu spielen hatte.

Fischer jedoch gewann vor laufenden Kameras die nächsten sieben von neunzehn Runden, verlor nur ein Spiel, die restlichen elf blieben unentschieden. Fischer war neuer Weltmeister, und gleichzeitig schlug er die Schachnation Russland. Eigentlich wurde der Kalte Krieg in Reykjavík entschieden.

Seitdem gab es nie wieder ein Schachmatch, das so große weltweite Aufmerksamkeit erregte. Vergleichbar ist vielleicht Islands Sieg gegen die Engländer während der EM 2016. Nur gab es damals, beim Schach, mehr Politik und weniger Hooligans. Außerdem haben beide Schachspieler unentwegt geraucht.

Die wichtigste Frage: Woher kommt eigentlich das Húh der Isländer?
Das ist leider keine schöne Geschichte, es steckt kein alter Brauch der Isländer dahinter, niemand ist etwa irgendwo reingefallen und erfroren: »Húh, schon wieder einer weg.« Es hat auch nichts mit Wikingern zu tun, schon gar nicht mit den Sagas. Es ist auch kein Ausruf, der in der Edda überliefert wird und der die gruseligen Elfen verjagt. Nein. Es ist einfach ein Marketinggag, den sich der isländische Fanverband Tolfan ausgedacht hat. Mehr nicht. Schade, eigentlich.

DER STEIN UND DIE LEERE

Es ist November 2016, als ich mit Stein nach Island fahre. Ich stehe in seinem Büro, als ich ihn frage, ob er nicht mitkommen wolle. Seine Haut blass, die ersten Falten sichtbar, alt ist er geworden. Das erste und einzige Mal gemeinsam waren wir 2010 in Island, zum Airwaves. Da war er noch nicht alt, noch nicht blass. Aufgeregt und mit schmalen Wangen stand er im Publikum und jubelte der Band »Moderat« zu. Wir tranken und lachten und sorgten uns nicht. 2010, da gab es noch kein 2016. Meistaraflokkur.

Meine Hand ist unruhig, die Sehnsucht nach einer Zigarette groß, als ich ihn beobachte, wie er lange stumm dasitzt. Stein ist traurig, er hat Liebeskummer oder Kummer wegen Liebe. Das weiß er nicht so genau. Und ich auch nicht. Aber Stein ist mein bester Freund, es geht ihm nicht gut und ich will ihm helfen.

»Willst du mit nach Island?«, frage ich ihn. Ich möchte für dieses Buch noch mal hin, fürs Gefühl, möchte das machen, was ich im Reykjavík-Kapitel aufgeschrieben habe: sitzen, tippen und abends baden. Nicht als Tourist auffallen, Notizen sammeln für jedes dieser Kapitel, und mich sortieren, um dieses Buch schreiben zu können.

Stein dreht sich um, blickt mich freudig an. »Kaffee?«, fragt er, während er aus seiner Schreibtischschublade ein Kaffeepad nimmt. »Ja«, sage ich.

»Das wäre schön. Wir beide in Island«, flüstert er über das Rattern der Maschine.

Dann erzählt er, wie er sich das vorstellt, träumt davon, wie wir beide still im Auto sitzen und Musik hören, während die Landschaft und das Wetter, das uns frieren lässt, am Fenster vorbeiziehen. Er hat noch keine Lieblingsorte in Island und möchte meine sehen. Ich will sie ihm zeigen, um ihn abzulenken.

»Aber ich schreibe vormittags und abends.« Er nickt. Seine Sehnsucht ist groß. Er möchte sitzen und lesen, er hat kein Bedürfnis nach Sightseeing, nach Menschen, nach Lärm. Er sehnt sich nach dem Rauschen in den Ohren, nach der Schwierigkeit, die richtige Temperatur im Auto zu finden, nach dem Abenteuer, mit einem Kleinwagen durch den Schnee zu fahren. Die Polarnacht, die Dunkelheit, den ewigen Mittagsschlaf. Das alles braucht er. Er wünscht sich die trostlose Seite von Island: zu kalt, zu einsam, zu viel traurige Musik. Schon der Gedanke daran erfüllt ihn mit Freude. Das kann nur Island.

Viele Menschen wollen Urlaub, wollen Ruhe und Strandtücher, wollen Sonnenbrand und sie wollen Kulturstätten. Menschen, die nach Island fahren, wollen das nicht. Sie wollen dieses Land für sich entdecken, geistige Fähnchen in die Landschaft stecken. Ihren Ort auf der Insel finden, die eigentlich keine Insel ist.

Stein begleitet mich, wir hören elektronische Musik und Podcasts. Meine TKKG-Kassetten lehnt er ab. Dafür aber: Radio Nukular, fast sechs Stunden lang sprechen drei Männer über NES. Nintendo Entertainment System. Ein Videospielgerät aus Steins und meiner Kindheit. Wir lauschen ihren Worten, auf dem Rückweg von Akureyri nach Reykjavík. Und wir sind glücklich, die Sonne scheint und im Radio wird »von früher« erzählt. Erinnerungen werden wach, in einer Landschaft, deren Fläche zur Leinwand wird. Wir schweigen viel, hören zu, nicken.

»Erinnerst du dich noch, damals, ›Super Mario‹?«, frage ich.

»Ja«, antwortet Stein, und dann sitzen wir in Gedanken

im Schneidersitz auf dem Boden im Wohnzimmer unserer Eltern und spielen.

Das kann Island. Das macht dieses Land mit einem. Es macht glücklich, traurig, es bereichert und – während ich das schreibe – auch sehr sentimental. Es ist das einzige Land dieser Erde, das diese Fähigkeiten hat.

Sie kommen für die Pferde. Sie kommen für die Autofahrten. Eigentlich suchen sie nur sich, denken nach. Niemand braucht *Eat, Pray, Love*, wer sich im eigenen Leben verirrt hat, der muss nur nach Island. Diese Leere sorgt für Ordnung im eigenen Kopf. Island, es holt uns raus aus einer Welt voller Ballast. Es befördert uns in eine Welt, in der es nur Schlammlöcher, Schwefelgeruch und Sturm von vorne gibt. In der die Menschen unhöflich und seelisch zermürbt sind. Eine Welt, in der das Wetter die Stimmung nicht beeinflusst, weil das Wetter so wechselhaft wie die Seele eines Borderliners ist.

Island ist immer, wie man sich fühlt.

Hier handgezeichnete Karten zu heißen Quellen einfügen

Album für Moose und Flechten (bitte einkleben)

Sand-Album (mit Pritt-Stift Seite klebrig machen, Sand drüberkippen)